DIRECTION GÉNÉRALE DES CONTRIBUTIONS DIRECTES,
DE L'ENREGISTREMENT, DES DOMAINES ET DU TIMBRE.

CONTRIBUTIONS DIRECTES.

TEXTES

LÉGISLATIFS ET RÉGLEMENTAIRES

RELATIFS AUX

CONTRIBUTIONS DIRECTES

ET TAXES Y ASSIMILÉES.

Les textes de ce recueil seront classés dans l'ordre chronologique. Ils seront annotés conformément aux indications qui seront données dans les circulaires et instructions. Le recueil sera complété par addition, à l'ordre que leur assigne leur date, des textes qui seront publiés.

TEXTÉS

DES LOIS, DÉCRETS, ORDONNANCES, ETC.

— i —

CODE CIVIL.

LOI

relative à la prescription.

(24 ventôse an XII.)

ART. 2262. — Toutes les actions, tant réelles que personnelles, sont prescrites par trente ans sans que celui qui allègue cette prescription soit obligé d'en rapporter un titre, ou qu'on puisse lui opposer l'exception déduite de la mauvaise foi.

LOI

*relative à la répartition, à l'assiette et au recouvrement
de la contribution foncière.*

(3 frimaire an VII.)

———

ART. 9. — Les répartiteurs sont au nombre de sept, savoir :
*l'agent municipal et son adjoint, dans les communes de moins de
cinq mille habitants; deux officiers municipaux désignés à cet effet
dans les autres communes* (1) ; et cinq citoyens capables, *choisis
par l'administration municipale* (2) parmi les contribuables fonciers
de la commune, dont deux au moins non domiciliés dans ladite
commune s'il s'en trouve de tels.

ART. 23. — Les sept répartiteurs délibèrent en commun, à la
majorité des suffrages. Ils ne peuvent prendre aucune détermination, s'ils ne sont au nombre de cinq au moins, présents. Ils sont
convoqués et présidés par *l'agent municipal ou par son adjoint ou
par l'un des officiers municipaux désignés, dans les communes ayant
pour elles seules une administration municipale* (1) ; et, à leur
défaut, par le plus âgé des autres répartiteurs.

ART. 36. — La note de chaque mutation de propriété sera inscrite

———

(1) Depuis la loi du 28 pluviôse an VIII sur l'organisation municipale
(art. 12 et 13), les maires et adjoints ont été chargés des fonctions administratives qui étaient exercées, sous l'empire de la Constitution du 5 fructidor an III, par l'agent municipal et son adjoint dans les communes dont
la population était inférieure à 5.000 âmes, et par les officiers municipaux
dans celles qui avaient pour elles seules une administration municipale.

(2) La nomination des répartiteurs est faite maintenant par le Sous-
préfet (lois du 28 pluviôse an VIII, art. 8, et du 5 avril 1884, art. 61).

— 2 —

au livre des mutations (1), à la diligence des parties intéressées ;
elle contiendra la désignation précise de la propriété ou des propriétés qui en seront l'objet, et il y sera dit à quel titre la mutation s'en est opérée. — Tant que cette note n'aura point été
inscrite, l'ancien propriétaire continuera d'être imposé au rôle et
lui, ou ses héritiers naturels, pourront être contraints au payement
de l'imposition foncière, sauf leur recours contre le nouveau propriétaire.

ART. 111. — La cotisation des marais qui seront desséchés ne
pourra être augmentée pendant les vingt-cinq premières années
après le desséchement.

ART. 112. — La cotisation des terres vaines et vagues depuis
quinze ans, qui seront mises en culture autre que celles désignées
en l'article 114 ci-après, ne pourra être augmentée pendant les dix
premières années après le défrichement.

ART. 113. — La cotisation des terres en friche depuis dix ans,
qui seront plantées ou semées en bois, ne pourra être augmentée
pendant les trente premières années du semis ou de la plantation.

ART. 114. — La cotisation des terres vaines et vagues ou en
friche depuis quinze ans, qui seront plantées en vignes, mûriers
ou autres arbres fruitiers, ne pourra être augmentée pendant les
vingt premières années de la plantation.

ART. 115. — Le revenu imposable des terrains déjà en valeur,
qui seront plantés en vignes, mûriers ou autres arbres fruitiers, ne
pourra être évalué, pendant les quinze premières années de la

---

(1) Il n'est plus tenu de livre des mutations : les inscriptions sont rem-
placées par les déclarations remises au Contrôleur ou au percepteur par
les intéressés.

Ces dispositions sont complétées, en outre, par celles de la loi du
20 mai 1915 (article unique) :

ARTICLE UNIQUE. — En vue de la constatation des mutations cadastrales
et de leur application régulière dans les rôles de la contribution foncière,
les notaires sont tenus de déposer au bureau de l'Enregistrement, au
moment où ils soumettent la minute des actes passés devant eux à la
formalité de l'enregistrement, un extrait sommaire de ceux de ces actes
qui portent à un titre quelconque translation ou attribution de propriété
immobilière.

La même obligation existe pour les greffiers en ce qui concerne les actes
judiciaires de la même nature que ceux visés au paragraphe précédent.

. . . .

Les dispositions ci-dessus sont complétées, au surplus, par la loi du
30 décembre 1928 (art. 17).

— 3 —

plantation, qu'au taux de celui des terres d'égale valeur non plantées.

ART. 116. — *Le revenu imposable de tout terrain défriché qui sera ultérieurement planté ou semé en bois sera réduit des trois quarts pendant les trente premières années de la plantation ou du semis, quelle qu'ait été la nature de culture du terrain avant le défrichement* (1).

ART. 117. — *Pour jouir de ces divers avantages, le propriétaire devra former une réclamation dès l'année qui suivra celle de l'exécution des travaux et dans les trois mois de la publication du rôle* (2). *Cette réclamation sera présentée, instruite et jugée comme les demandes en décharge ou en réduction concernant la contribution foncière des propriétés non bâties* (3).

ART. 149. — *Les percepteurs qui n'auraient fait aucune poursuite contre un contribuable retardataire pendant quatre années consécutives à partir de la mise en recouvrement du rôle perdront leur recours et seront déchus de tous droits et de toute action contre ce redevable* (4).

---

(1) Ainsi modifié par l'article 3 de la loi du 29 mars 1897.

(2) Actuellement, dans les trois mois à partir du premier jour du mois qui suit la mise en recouvrement du rôle (Loi du 31 décembre 1921, art. 20, et décret du 16 novembre 1926, art. 2).

(3) Ainsi modifié par l'article 15 de la loi du 17 juillet 1895. Par ailleurs, les règles relatives à la présentation des réclamations ont été modifiées par la loi du 27 décembre 1927 (art. 10 à 16).

(4) Ainsi modifié par la loi du 12 juillet 1922 (art. 2) et par le décret du 16 novembre 1926 (art. 2).

— i —

LOI

sur les réclamations en matière de contribution foncière.

(2 messidor an VII.)

TITRE Iᵉʳ. — DISPOSITIONS GÉNÉRALES.

ARTICLE PREMIER. — Toute propriété foncière doit être imposée sous le nom du propriétaire actuel, sauf le cas prévu par l'article 36 de la loi du 3 frimaire an VII, relative à la répartition de la contribution foncière.

ART. 2. — Toute propriété foncière doit être imposée dans la commune où elle est située.

ART. 5. — Lorsqu'une propriété foncière aura été cotisée sous un autre nom que celui du propriétaire, *l'administration municipale* (1), sur la réclamation, soit du propriétaire, soit de celui sous le nom duquel la propriété aura été mal à propos cotisée, et après avoir pris les renseignements convenables, *même* l'avis des répartiteurs, *si elle le juge nécessaire* (2), prononcera la mutation de cote.

ART. 7. — S'il y a contestation sur le droit à la propriété, les *administrations* (1) renverront devant les tribunaux civils, et ajour-

---

(1) La loi du 28 pluviôse an VIII a substitué les Conseils de préfecture aux administrations municipales pour le jugement des demandes en décharge ou en réduction des cotes des contributions. Des dispositions de la loi du 27 décembre 1927 (art. 10 à 14), il résulte d'ailleurs que les réclamations de l'espèce doivent tout d'abord être soumises à la décision du Directeur des Contributions directes. Ces dispositions sont, au surplus, complétées par la loi du 30 décembre 1928 (art. 17).

(2) L'article 4 de l'arrêté du 24 floréal an VIII a rendu nécessaire l'avis des répartiteurs.

neront la décision sur la demande en mutation de cote, jusqu'après jugement définitif sur le droit des parties à la propriété.

ART. 23. — *Les experts prendront au secrétariat de l'administration municipale le mémoire et les pièces du réclamant, et l'avis donné par les répartiteurs, même la matrice du rôle de la commune, s'ils croient en avoir besoin* (1). *L'administration* (2) fixera le jour et l'heure de la descente des experts sur les lieux, et les experts, ainsi que le réclamant, en seront prévenu dix jours au moins à l'avance ; les répartiteurs en seront aussi prévenus dix jours au moins à l'avance, en la personne de *l'agent municipal de la commune, ou de son adjoint ou de l'un des officiers municipaux désignés répartiteurs dans les communes ayant pour elles seules une administration municipale* (3).

ART. 113. — Les experts déposeront leur procès-verbal *au secrétariat de l'administration municipale* (4), dans les cinq jours de la clôture de leur opération, soit qu'il s'agisse de réclamation à raison d'inégalité de cotes *ou à raison d'inégalité entre les fonds de terre d'une part et les maisons et usines de l'autre* (5). — *Les experts remettront en même temps au secrétariat toutes les pièces qu'ils y auront prises* (1).

---

(1) Le dossier de l'affaire ne se trouve plus maintenant au secrétariat de l'administration municipale, mais entre les mains du Contrôleur chargé de l'instruction (loi du 21 avril 1832, art. 29), il peut, d'ailleurs, être communiqué aux experts, sur leur demande, pour étude préalable.

(2) Aujourd'hui le Contrôleur (arrêté du 24 floréal an VIII, art. 5).

(3) Voir le renvoi (1), loi du 3 frimaire an VII, page 1.

(4) Aujourd'hui le procès-verbal est rédigé par le Contrôleur (arrêté du 24 floréal an VIII, art. 6) ; les experts peuvent fournir, s'ils le jugent utile, des rapports séparés qu'ils remettent au Contrôleur pour être versés au dossier de l'affaire.

(5) Sans objet depuis l'institution du cadastre.

— 1 —

LOI

concernant la division du territoire français et l'administration.

(28 pluviôse an VIII.)

———

Art. 2. — Il y aura dans chaque département un **Préfet**, un *Conseil de préfecture* (1) et un Conseil général de département, lesquels rempliront les fonctions exercées maintenant par les administrations et commissaires de département.....................

....

Art. 3. — Le Préfet sera chargé seul de l'administration.

Art. 4. — Le *Conseil de préfecture* (1) prononcera — sur les demandes de particuliers, tendant à obtenir la décharge ou la réduction de leurs cotes de contributions directes (2) ;..............

....

---

(1) Les Conseils de préfecture autres que celui de la Seine ont été supprimés et remplacés par vingt-deux Conseils de préfecture interdépartementaux (décret du 6 septembre 1926).

(2) Actuellement, les réclamations de l'espèce doivent en premier lieu être soumises, à la décision du Directeur des Contributions directes (loi du 27 décembre 1927, art. 10 à 14).

— |

ARRÊTÉ

relatif aux réclamations en matière de contributions.

(24 floréal an VIII.)

TITRE Iᵉʳ. — DÉCHARGES ET RÉDUCTIONS (1).

Contribution foncière.

ARTICLE PREMIER. — *Tout citoyen imposé dans une commune, pour un bien situé dans une autre, remettra sa pétition au sous-préfet, qui la renverra au Contrôleur de l'arrondissement, lequel vérifiera le fait et donnera son avis. Le sous-préfet, après avoir aussi donné son avis, fera passer les pièces au Préfet, qui les communiquera au Directeur des Contributions. Celui-ci remettra son avis au Préfet et le Conseil de préfecture prononcera, s'il y a lieu, la décharge* (1), *dont le montant sera réimposé sur toutes les autres propriétés de la commune où le réclamant aura été mal à propos imposé* (2).

ART. 2. — Lorsqu'une propriété aura été cotisée sous un autre nom que celui du véritable propriétaire, les mêmes formes seront observées, *et le Conseil de préfecture statuera sur la mutation de cote* (1).

ART. 3. — Lorsqu'un contribuable se croira taxé dans une proportion plus forte qu'un ou plusieurs autres propriétaires de la commune où sont situés ses biens, *il se pourvoira devant le sous-*

---

(1) Dispositions modifiées par la loi du 27 décembre 1927 (art. 10 à 16). et complétées, au surplus, par la loi du 30 décembre 1928 (art. 17).

(2) Sans objet depuis la transformation de la contribution foncière en impôt de quotité (lois du 8 août 1890, art. 4 et du 29 mars 1914, art. 1ᵉʳ).

4

préfet de l'arrondissement (1) ; il joindra à sa réclamation une déclaration de ses propriétés et de leurs revenus (2).

Art. 4. — *Le sous-préfet enverra la réclamation au Contrôleur ;* ce dernier prendra l'avis des répartiteurs de la commune, lesquels le donneront dans la décade.

S'ils conviennent de la justice de la réclamation, il en dressera un procès-verbal, qu'il fera passer au sous-préfet : celui-ci, après avoir donné son avis, enverra le tout au Préfet, qui prendra l'avis du Directeur, et le Conseil de préfecture prononcera la réduction de la cote (1). *Le montant de la réduction sera réimposé sur les autres propriétaires* (3).

Art. 5. — Si les répartiteurs ne conviennent pas de la surtaxe, *deux experts seront nommés, l'un par le sous-préfet et l'autre par le réclamant* (4). Les experts se rendront sur les lieux avec le Contrôleur, et, en présence de deux répartiteurs et du réclamant ou de son fondé de pouvoir, ils vérifieront les revenus, objets de la cote du réclamant, et des autres cotes prises ou indiquées par le réclamant pour comparaison dans le rôle de la contribution foncière de la même commune.

Art. 6. — Le Contrôleur rédigera un procès-verbal des dires des experts, et y joindra son avis. *Le sous-préfet, après avoir donné lui-même son avis, enverra le tout au Préfet* (5). — S'il en résulte que les cotes prises pour comparaison sont dans une proportion plus faible que celle du réclamant, le Conseil de préfecture, toujours sur l'avis du Directeur des Contributions, prononcera la réduction, *à raison du taux commun des autres cotes* (6). — *Le montant de cette réduction sera réimposé sur les autres contribuables de la commune* (3).

---

(1) Dispositions modifiées par la loi du 27 décembre 1927 (art. 10 à 16).

(2) Les conditions dans lesquelles les contribuables sont admis à contester les revenus assignés à leurs propriétés sont réglés actuellement par les articles 7 de la loi du 8 août 1890 et 15 à 20 de la loi du 29 mars 1914, modifiées par la loi du 27 décembre 1927 (art. 10 à 16).

(3) Sans objet depuis la transformation de la contribution foncière en impôt de quotité (lois du 8 août 1890, art. 4 et du 29 mars 1914, art. 1er).

(4) Actuellement, en cas de désaccord, le contribuable a la faculté de demander l'expertise (loi du 21 avril 1832, art. 29) ; la désignation des experts est régie, d'autre part, par l'article 16 de la loi du 17 juillet 1895.

(5) Le sous-préfet n'a plus à donner son avis sur les réclamations (loi du 21 avril 1832, art. 29).

(6) L'instruction des demandes en réduction est faite maintenant dans les conditions prévues par la loi du 8 août 1890 (art. 7), la loi du 29 mars 1914 (art. 15) et par la loi du 27 décembre 1927 (art. 10 à 16).

— 3 —

Contribution personnelle.

ART. 7. — Tout citoyen qui aura été taxé à la contribution personnelle dans une commune où il n'a point de domicile, se pourvoira devant le sous-préfet. La marche réglée par l'article 1er sera suivie ; et, sur l'avis du Directeur des Contributions, le Conseil de préfecture prononcera la décharge dont le montant sera réimposé sur tous les autres habitants (1).

ART. 8. — Lorsqu'un citoyen se croira surtaxé à raison de ses facultés, il se pourvoira devant le sous-préfet ; *il joindra à sa réclamation une déclaration de ses facultés* (2).

ART. 9. — *La marche tracée ci-dessus pour la contribution foncière sera également suivie dans l'instruction de l'affaire, et, si les répartiteurs de la commune conviennent de la justice de la réclamation, le Conseil de préfecture prononcera la réduction de la cote* (1), dont le montant sera réimposé sur les autres contribuables de la commune.

ART. 10. — Si les répartiteurs ne conviennent pas de la surtaxe, *le sous-préfet nommera deux commissaires* (3) qui se rendront sur les lieux avec le Contrôleur de l'arrondissement ; et, en présence de deux répartiteurs et du réclamant ou de son fondé de pouvoir, ils vérifieront les faits, s'il s'agit d'objets compris mal à propos dans les facultés du réclamant.

ART. 11. — Si le contribuable ne conteste pas les objets compris dans l'évaluation de ses facultés, mais qu'il croie cette évaluation trop forte comparativement à celles des autres contribuables, le Contrôleur et les *deux commissaires* (3) vérifieront les évaluations servant de base à la cote du réclamant, et celles des autres cotes prises ou indiquées par celui-ci pour comparaison dans le rôle de la contribution personnelle de la même année.

---

(1) **Dispositions modifiées par la loi du 27 décembre 1927** (art. 10 à 16).

(2) Sans objet depuis que la contribution mobilière est basée sur le loyer d'habitation (loi du 21 avril 1832, art. 13 et 17).

(3) Actuellement, en cas de désaccord. le contribuable a la faculté de demander l'expertise (loi du 21 avril 1832. art. 29) : la désignation des experts est régie. d'autre part, par l'article 16 de la loi du 17 juillet 1895.

— 4 —

Art. 12. — Le Contrôleur rédigera son procès-verbal, *et le remettra au sous-préfet qui le fera passer, avec son avis, au Préfet* (1). *S'il en résulte qu'il y a surtaxe, le Conseil de préfecture, sur l'avis du Directeur des Contributions, prononcera la réduction* (2) dont le montant sera réimposé sur les autres habitants de la commune.

DISPOSITIONS GÉNÉRALES.

Art. 18. — Ils (les frais d'expertise) seront supportés, savoir : par la commune lorsque la réclamation aura été reconnue juste (3) ; par le réclamant, lorsque la réclamation aura été rejetée.

TITRE II. — REMISES ET MODÉRATIONS.

Art. 24. — Lorsque, par des événements extraordinaires, un contribuable aura éprouvé des pertes, *il remettra sa pétition au sous-préfet, qui la renverra au Contrôleur de l'arrondissement* (4).

Art. 25. — Le Contrôleur se transportera sur les lieux, vérifiera, en présence du maire, les faits et constatera la quotité de la perte des revenus fonciers ou des facultés mobilières du réclamant, et en dressera un procès-verbal *qu'il enverra au sous-préfet : celui-ci le fera parvenir, avec son avis, au Préfet, qui prendra l'avis du Directeur des Contributions* (5).

Art. 26. — Lorsqu'une commune aura éprouvé des pertes de revenus par des événements extraordinaires, elle remettra aussi sa *pétition au sous-préfet* (4), lequel nommera deux commissaires, pour vérifier, en présence du maire, conjointement avec le Contrôleur de l'arrondissement, les faits et la quotité des pertes.

Art. 27. — Le Contrôleur dressera un procès-verbal de la vérification, *l'enverra au sous-préfet, qui le fera passer, avec son avis, au Préfet, lequel prendra l'avis du Directeur des Contributions* (5).

---

(1) Le sous-préfet n'a plus à donner son avis sur les réclamations (loi du 21 avril 1832, art. 29).

(2) Dispositions modifiées par la loi du 27 décembre 1927 (art. 10 à 16).

(3) Lorsqu'il s'agit d'impôts de quotité, les frais d'expertise sont supportés, le cas échéant, non par la commune, mais par l'Etat.

(4) A partir du 1er juillet 1928, les réclamations doivent être adressées à la Direction des Contributions directes dont dépend le lieu de l'imposition (loi du 27 décembre 1927, art. 10).

(5) Actuellement, le Contrôleur renvoie le dossier au Directeur avec son avis, le Directeur fait son rapport et le Préfet statue.

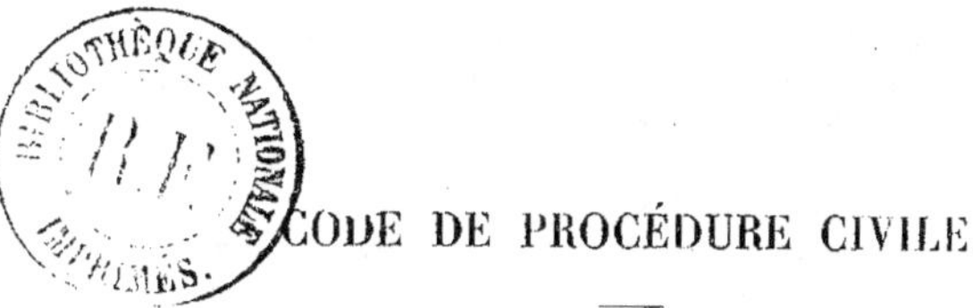

CODE DE PROCÉDURE CIVILE.

LOI

*concernant les troisième et quatrième livres de la première partie
du Code de procédure civile.*

(17 avril 1806.)

ART. 73. — (Loi du 3 mai 1862). Si celui qui est assigné demeure hors de la France continentale, le délai sera :

1º Pour ceux qui demeurent en Corse, en Algérie, dans les îles Britanniques, en Italie, dans le Royaume des Pays-Bas et dans les États ou Confédérations limitrophes de la France, d'un mois ;

2º Pour ceux qui demeurent dans les autres États, soit de l'Europe, soit du littoral de la Méditerranée ou celui de la mer Noire, de deux mois ;

3º Pour ceux qui demeurent hors d'Europe, en deça des détroits de Malacca et de la Sonde, et en deçà du Cap Horn, de cinq mois ;

4º Pour ceux qui demeurent au-delà des détroits de Malacca et de la Sonde et au-delà du Cap Horn, de huit mois.

Les délais ci-dessus sont doublés pour les pays d'outre-mer, en cas de guerre maritime.

ART. 443. — Le délai pour interjeter appel sera de deux mois. Il courra, pour les jugements contradictoires, du jour de la signification à personne ou domicile.

Pour les jugements par défaut, du jour où l'opposition ne sera plus recevable.

L'intimé pourra, néanmoins, interjeter appel incidemment en tout état de cause, quand même il aurait signifié le jugement sans protestation.

— 2 —

Art. 451. — L'appel d'un jugement préparatoire ne pourra être interjeté qu'après le jugement définitif et conjointement avec l'appel de ce jugement, et le délai de l'appel ne courra que du jour de la signification du jugement définitif : cet appel sera recevable, encore que le jugement préparatoire ait été exécuté sans réserves.

L'appel d'un jugement interlocutoire pourra être interjeté avant le jugement définitif : il en sera de même des jugements qui auraient accordé une provision.

Art. 452. — Sont réputés préparatoires les jugements rendus pour l'instruction de la cause, et qui tendent à mettre le procès en état de recevoir jugement définitif.

Sont réputés interlocutoires les jugements rendus lorsque le tribunal ordonne, avant dire droit, une preuve, une vérification ou une instruction qui préjuge le fond——

Art. 464. — Il ne sera formé, en cause d'appel, aucune nouvelle demande, à moins qu'il ne s'agisse de compensation, ou que la demande nouvelle ne soit la défense à l'action principale.

Pourront aussi les parties demander des intérêts, arrérages, loyers et autres accessoires échus depuis le jugement de première instance, et les dommages et intérêts pour le préjudice souffert depuis ledit jugement.

Art. 473. — Lorsqu'il y aura appel d'un jugement interlocutoire, si le jugement est infirmé, et que la matière soit disposée à recevoir une décision définitive, les Cours royales (*Cours d'appel*) et autres tribunaux d'appel pourront statuer en même temps sur le fond définitivement par un seul et même jugement.

Il en sera de même dans le cas où les Cours royales (*Cours d'appel*) ou autres tribunaux d'appel infirmeraient, soit pour vice de forme, soit pour toute autre cause, des jugements définitifs.

Art. 488. — Lorsque les ouvertures de requête civile seront le faux, le dol, ou la découverte de pièces nouvelles, les délais ne courront que du jour où, soit le faux, soit le dol, auront été reconnus ou les pièces découvertes; pourvu que, dans ces deux derniers cas, il y ait preuve par écrit du jour, et non autrement.

— 1 —

DÉCRET

contenant règlement sur les affaires contentieuses portées au Conseil d'État.

(22 juillet 1806.)

TITRE Ier. — DE L'INTRODUCTION ET DE L'INSTRUCTION
DES INSTANCES.

SECTION 1re. — *Des instances introduites au Conseil d'État ..
à la requête des parties.*

ARTICLE PREMIER. — Le recours des parties au Conseil d'État en
matière contentieuse sera formé par requête signée d'un avocat
au Conseil (1) ; elle contiendra l'exposé sommaire des faits et des
moyens, les conclusions, les noms et demeures des parties, l'énonciation des pièces dont on entend se servir, et qui y seront jointes.

ART. 2. — Les requêtes, et en général toutes les productions des
parties, seront déposées au secrétariat du Conseil d'État ; elles y
seront inscrites sur un registre suivant leur ordre de dates, ainsi
que la remise qui en sera faite à l'auditeur nommé par le grand
juge pour préparer l'instruction (2).

---

(1) En vertu des dispositions de l'article 61 de la loi du 22 juillet 1889,
le recours au Conseil d'Etat contre les arrêtés des conseils de préfecture
peut avoir lieu sans frais et sans l'intervention d'un avocat au Conseil
d'Etat en matière de contributions directes ou de taxes assimilées à ces
contributions pour le recouvrement.

(2) En vertu des dispositions de l'article 61 de la loi du 22 juillet 1889,
les recours en matière de Contributions directes ou de taxes assimilées
peuvent être déposés soit au secrétariat général du Conseil d'Etat, soit
à la préfecture, soit à la sous-préfecture.

Art. 3. — Le recours au Conseil d'État n'aura point d'effet suspensif, s'il n'en est autrement ordonné..........................

Art. 11. — Le recours au Conseil contre la décision d'une autorité qui y ressortit ne sera pas recevable après trois mois du jour où cette décision aura été notifiée (1).

Art. 13. — Ceux qui demeureront hors de la France continentale auront, outre le délai de trois mois énoncé dans les deux articles ci-dessus, celui qui est réglé par l'article 73 du Code de procédure civile.

TITRE II. — Des incidents qui peuvent survenir pendant l'instruction d'une affaire.

§ 1. — *Des demandes incidentes.*

Art. 19. — Les demandes incidentes seront jointes au principal, pour y être statué par la même décision.

S'il y avait lieu néanmoins à quelque disposition provisoire et urgente, le rapport en sera fait par l'auditeur à la prochaine séance de la commission, pour y être pourvu par le Conseil ainsi qu'il appartiendra.

TITRE III. — Du recours contre les décisions contradictoires.

§ 2. — *De l'opposition aux décisions rendues par défaut.*

Art. 29. — Les décisions du Conseil d'État rendues par défaut sont susceptibles d'opposition. Cette opposition ne sera point suspensive, à moins qu'il n'en soit autrement ordonné.

---

(1) Ce délai est réduit à deux mois en ce qui concerne les arrêtés des Conseils de préfecture (loi du 22 juillet 1889, art. 57).

Par ailleurs, l'article 24 de la loi du 13 avril 1900 dispose, d'une manière plus générale, que le délai de recours au Conseil d'État, fixé à trois mois par l'article 11 du décret du 22 juillet 1806, est réduit à deux mois, sans qu'il soit dérogé aux dispositions de lois ou de règlements qui ont fixé des délais spéciaux pour les pourvois au Conseil d'État.

— 3 —

Elle devra être formée dans le délai de *trois mois* (1) à compter du jour où la décision par défaut aura été notifiée : après ce délai, l'opposition ne sera plus recevable.

ART. 31. — L'opposition d'une partie défaillante à une décision rendue contradictoirement avec une autre partie ayant le même intérêt ne sera pas recevable.

§ 3. — *Du recours contre les décisions contradictoires.*

ART. 32. — Défenses sont faites, sous peine d'amende et même, en cas de récidive, sous peine de suspension ou de destitution, aux avocats en notre Conseil d'État, de présenter requête en recours contre une décision contradictoire, si ce n'est en ces deux cas :

Si elle a été rendue sur pièces fausses ;

Si la partie a été condamnée faute de représenter une pièce décisive qui était retenue par son adversaire.

ART. 33. — Ce recours devra être formé dans le même délai (1) et admis dans la même manière que l'opposition à une décision par défaut.

ART. 36. — Lorsqu'il aura statué sur un premier recours contre une décision contradictoire, un second recours contre la même décision ne sera pas recevable. — L'avocat qui aura présenté la requête sera puni de l'une des peines énoncées en l'article 32.

§ 4. — *De la tierce-opposition.*

ART. 37. — Ceux qui voudraient s'opposer à des décisions du Conseil d'État rendues en matière contentieuse et lors desquelles ni eux ni ceux qu'ils représentent n'ont été appelés, ne pourront former leur opposition que par requête en la forme ordinaire ; et, sur le dépôt qui en sera fait au secrétariat du Conseil, il sera procédé conformément aux dispositions du titre Iᵉʳ.

---

(1) Délai réduit à deux mois en vertu de l'article 4 du décret 2 novembre 1864.

— 1 —

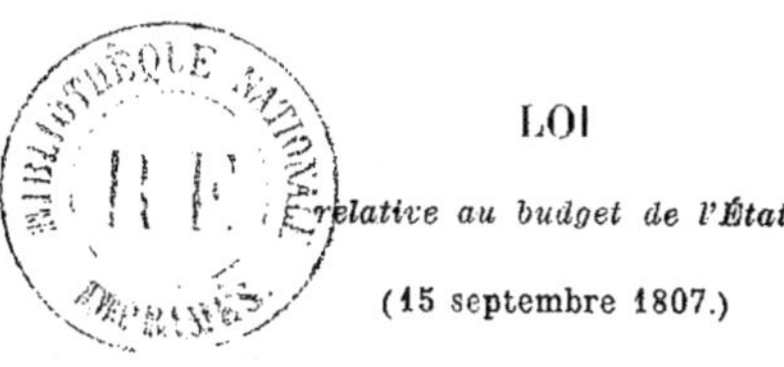

LOI

relative au budget de l'État.

(15 septembre 1807.)

Art. 37. — Les propriétaires compris dans le rôle cadastral pour des propriétés non bâties, ne seront plus dans le cas de se pourvoir en surtaxe, à moins que, par un évènement extraordinaire, leurs propriétés ne vinssent à disparaître : il y serait pourvu alors par une remise extraordinaire ; mais ceux d'entre eux qui, par des grêles, gelées, inondations ou autres intempéries, perdraient la totalité ou une partie de leur revenu, pourront se pourvoir, comme par le passé, en remise totale ou en modération partielle de leur cote de l'année dans laquelle ils auront éprouvé cette perte : le montant de ces remises ou modérations sera pris sur le fonds de non-valeurs.

Art. 38. — Les propriétaires de propriétés bâties continueront d'être admis à se pourvoir en décharge ou réduction, dans le cas de surtaxe ou de destruction totale ou partielle de leurs bâtiments, et en remise ou modération, dans le cas de perte totale ou partielle de leur revenu d'une année.

. . . .

LOI

*relative au privilège du Trésor public pour le recouvrement
des contributions directes.*

(12 novembre 1808.)

ARTICLE PREMIER. — Le privilège du Trésor public pour le recouvrement des contributions directes est réglé ainsi qu'il suit, et s'exerce avant tout autre :

1° Pour la contribution foncière de l'année échue et de l'année courante, sur les récoltes, fruits, loyers et revenus des biens immeubles sujets à la contribution ;

2° Pour l'année échue et l'année courante des contributions mobilières..... des patentes et toute autre contribution directe et personnelle sur tous les meubles et autres effets mobiliers appartenant aux redevables, en quelque lieu qu'ils se trouvent. La période de deux ans constituée par l'année échue et l'année courante est comptée, dans tous les cas, à dater du jour de la mise en recouvrement du rôle (1).

---

(1) Ainsi complété par l'article 3 de la loi du 12 juillet 1922, lui-même modifié par l'article 2 du décret du 16 novembre 1926.

— 1 —

LOI

relative aux droits d'enregistrement et de timbre.

(16 juin 1824.)

Art. 6. — Seront enregistrés *gratis* les actes de poursuites et tous autres actes, tant en action qu'en défense, ayant pour objet soit le recouvrement des contributions publiques et de toutes autres sommes dues à l'État, ainsi que des contributions locales, soit le recouvrement des sommes dues pour mois de nourrices; le tout, lorsqu'il s'agira de cotes, droits et créances non excédant au total la somme de 100 francs.

LOI

relative aux chemins vicinaux.

(28 juillet 1824,)

ART. 5. — ...Le recouvrement (*des prestations*) en sera poursuivi comme pour les contributions directes ; les dégrèvements prononcés sans frais, les comptes rendus comme pour les autres dépenses communales.

— 1 —

LOI

...rtant règlement du budget définitif de l'exercice 1828 et des dispositions sur la déchéance des créanciers de l'État, sur la division du budget des dépenses, etc.

(29 janvier 1831.)

Art. 9. — Seront prescrites et définitivement éteintes au profit de l'État, sans préjudice des déchéances prononcées par les lois antérieures ou consenties par des marchés et conventions, toutes créances qui, n'ayant pas été acquittées avant la clôture des crédits de l'exercice auquel elles appartiennent, n'auraient pu, à défaut de justifications suffisantes, être liquidées, ordonnancées et payées dans un délai de cinq années, à partir de l'ouverture de l'exercice, pour les créanciers domiciliés en Europe, et de six années pour les créanciers résidant hors du territoire européen. Le montant des créances frappées d'opposition sera, à l'époque de la clôture des payements, versé à la Caisse des dépôts et consignations......

Art. 10. — Les dispositions des deux articles précédents ne seront pas applicables aux créances dont l'ordonnancement et le payement n'auraient pu être effectués, dans les délais déterminés, par le fait de l'administration ou par suite de pourvois formés devant le Conseil d'État. Tout créancier aura le droit de se faire délivrer par le ministère compétent un bulletin énonçant la date de sa demande et les pièces produites à l'appui.

....

— 1 —

LOI

relative aux contributions personnelle et mobilière,
.... et des patentes.

(26 mars 1831.)

CHAPITRE V. — DES RÉCLAMATIONS.

ART. 29. — Dans le cas où le Conseil de préfecture aurait jugé nécessaire d'ordonner une contre-vérification, cette opération sera faite par l'Inspecteur des Contributions, ou, à son défaut, par un Contrôleur autre que celui qui aura procédé à la première instruction, en présence du maire ou de son délégué, et du réclamant, ou de son fondé de pouvoirs.

L'Inspecteur dressera procès-verbal, mentionnera les observations du réclamant, celles du maire, *s'il s'agit d'une taxe*, celles des répartiteurs, *si la réclamation est relative à une contribution* (1), et donnera son avis. Le Directeur fera son rapport et le Conseil de préfecture prononcera.

Le recours contre les arrêtés des Conseils de préfecture sera affranchi de tous droits d'enregistrement et autres que celui du timbre. Il pourra être transmis au Gouvernement par l'intermédiaire du Préfet, sans frais.

---

(1) Sous le nom de taxes étaient visés les impôts de quotité ; l'expression « contributions » désignait les impôts de répartition.

— 1 —

LOI

portant fixation du budget des recettes de l'année 1832.

(21 avril 1832.)

TITRE II. — DE LA CONTRIBUTION PERSONNELLE ET MOBILIÈRE.

ART. 16. — Les habitants qui n'occupent que des appartements garnis ne seront assujettis à la contribution mobilière qu'à raison de la valeur locative de leur logement, évalué comme un logement non meublé.

ART. 22. — En cas de déménagement hors du ressort de la perception, comme en cas de vente volontaire ou forcée, la contribution personnelle et mobilière sera exigible pour la totalité de l'année courante.

Les propriétaires et, à leur place, les principaux locataires, devront, un mois avant l'époque du déménagement de leurs locataires, se faire représenter par ces derniers les quittances de leur contribution personnelle et mobilière. Lorsque les locataires ne représenteront point ces quittances, les propriétaires ou principaux locataires seront tenus, sous leur responsabilité personnelle, de donner, dans les trois jours, avis du déménagement au percepteur.

ART. 23. — *Dans le cas de déménagement furtif, les propriétaires et, à leur place, les principaux locataires deviendront responsables des termes échus de la contribution de leurs locataires, s'ils n'ont pas, dans les huit jours, donné avis du déménagement au percepteur* (1).

Dans tous les cas, et nonobstant toute déclaration de leur part, les propriétaires ou principaux locataires demeureront responsables de la contribution des personnes logées par eux en garni et désignées à l'article 16.

---

(1) Paragraphe ainsi modifié par l'article 4 de la loi du 19 juillet 1906.

— 2 —

DES RÉCLAMATIONS.

ART. 28. — *Tout contribuable qui se croira imposé à tort ou sur-taxé adressera sa demande en décharge ou réduction au Préfet ou au Sous-Préfet dans les trois mois* (1) *de la publication du rôle* (2), *mais sans préjudice des délais accordés par les lois pour des cas spéciaux.*

Cette demande mentionnera, à peine de non-recevabilité, la contribution à laquelle elle s'applique et, à défaut de la production de l'avertissement, le numéro de l'article du rôle sous lequel figure cette contribution; elle contiendra, indépendamment de l'indication de son objet, l'exposé sommaire des moyens par lesquels son auteur prétend la justifier.

Il sera formé une demande distincte pour chaque commune.

Les demandes entachées d'un des vices de forme prévus aux deux paragraphes précédents seront, avant toute instruction au fond, déposées à la préfecture ou à la sous-préfecture conformément aux prescriptions de l'article 29 de la loi du 21 avril 1832; les intéressés seront avisés en même temps qu'ils sont admis à les régulariser par la simple production des pièces ou indications dont l'absence aura été constatée. La régularisation pourra valablement être faite dans les dix jours qui suivront la réception de cet avis et, dans tous les cas, jusqu'à l'expiration des délais fixés pour la présentation des réclamations (3).

---

(1) Point de départ du délai modifié par l'article 20 de la loi du 31 décembre 1921 :

ART. 20. — Le délai de trois mois fixé pour les réclamations par l'article 28 de la loi du 21 avril 1832 et l'article 8 de la loi du 4 août 1844 part du premier jour du mois qui suit la publication du rôle.

(2) Actuellement, mise en recouvrement du rôle (décret du 10 novembre 1926, art. 2).

(3) Dispositions modifiées par la loi du 27 décembre 1927 (art. 10 à 14) :

ART. 10. — A partir du 1er juillet 1928, les réclamations de toute nature qui seront présentées par les contribuables en matière de contributions directes et de taxes assimilées devront, dans les formes et délais prévus par les dispositions législatives et réglementaires en vigueur, être adressées par les intéressés à la Direction des Contributions directes dont dépend le lieu de l'imposition. Il en sera délivré récépissé si les contribuables le demandent.

ART. 11. — Après avis des agents chargés de l'assiette de l'impôt et, s'il y a lieu, du maire, des répartiteurs ou des classificateurs, le Directeur statuera sur les réclamations dans le délai de six mois qui suivra la date de leur présentation, à la seule exception de celles ressortissant à

Nul n'est admis à introduire ou à soutenir une réclamation pour autrui s'il ne justifie d'un mandat régulier. Le mandat doit être, à peine de nullité, écrit sur papier timbré et enregistré, à moins que la demande à laquelle il s'applique n'ait pour objet une cote inférieure à 30 francs; il doit, sous la même sanction, être produit en même temps que la réclamation lorsque celle-ci est introduite par le mandataire.

Les frais de timbre et d'enregistrement du mandat sont, comme les frais de timbre de la demande, compris dans les dépens de l'instance; ils sont liquidés et attribués ou compensés dans les conditions prévues au dernier paragraphe de l'article 42 de la loi du 29 mars 1897 (1).

. . . .

la juridiction gracieuse, qui continueront à être instruites et jugées suivant les règles présentement en vigueur.

Lorsqu'elles ne feront pas droit intégralement aux réclamations, les décisions du Directeur indiqueront d'une façon sommaire les motifs sur lesquels elles sont basées et qui seront reproduits dans la notification adressée au contribuable.

ART. 12. — Dans le cas où la décision du Directeur ne donnera pas entière satisfaction au contribuable, celui-ci aura la faculté, dans le délai d'un mois à partir du jour où il aura reçu notification de cette décision, de porter le litige devant le conseil de préfecture.

Il devra alors faire parvenir, dans les formes prévues par les textes en vigueur et dans le délai susindiqué, au greffe départemental du conseil de préfecture, une demande accompagnée de l'avis de notification de la décision du Directeur. Il lui en sera délivré récépissé.

Les vices de forme prévus par les deuxième et troisième alinéas de l'article 28 de la loi du 21 avril 1832, modifié par l'article 17 de la loi du 13 juillet 1903 et qui auraient motivé le rejet d'une réclamation par le Directeur, ainsi que le défaut du timbre, pourront être utilement couverts dans la demande adressée au conseil de préfecture.

ART. 13. — Après enregistrement au greffe, les demandes seront communiquées pour avis au Directeur, qui les renverra au conseil de préfecture après y avoir annexé les dossiers des réclamations primitives et après avoir fait procéder à leur instruction suivant les règles actuellement en vigueur. Toutefois, la communication des dossiers prévue par l'article 30 de la loi du 21 avril 1832 sera donnée aux intéressés au greffe départemental du conseil de préfecture.

ART. 14. — Les demandes d'exemption temporaire d'impôt prévues en faveur des habitations à bon marché continueront à être présentées dans les formes indiquées par l'article 60 de la loi du 5 décembre 1922, mais les dispositions des articles 11, 12 et 13 qui précèdent leur seront applicables.

(1) Paragraphe ainsi modifié par l'article 17 de la loi du 13 juillet 1903 et complété par l'article 16 de la loi du 27 décembre 1927 ainsi conçu :

ART. 16. — L'annulation ou la réduction de l'imposition contestée entraîneront de plein droit allocation totale ou proportionnelle en non-valeur du coût des actes de poursuites signifiés au réclamant ainsi que de la majoration de 10 p. 100 prévue par la loi du 22 mars 1924.

. . . .

— 4 —

Le même délai est accordé au contribuable qui réclamera contre son omission au rôle. Le montant des cotisations extraordinaires qui seront établies par suite de ces dernières réclamations viendra en déduction du contingent de la commune pour l'année suivante.

Ne sont pas assujetties aux droits de timbre les réclamations ayant pour objet une cote moindre de 30 francs.

Art. 29. — La pétition sera renvoyée au Contrôleur des Contributions directes, qui vérifiera les faits, et donnera son avis, après avoir pris celui des répartiteurs.

Si le Directeur des Contributions directes est d'avis qu'il y a lieu d'admettre la demande, il fera son rapport, et le Conseil de préfecture statuera. Dans le cas contraire, le Directeur exprimera les motifs de son opinion, transmettra le dossier à la sous-préfecture (1) et invitera le réclamant à en prendre communication et à faire connaître, dans les dix jours, s'il veut fournir de nouvelles observations ou recourir à la vérification par voie d'experts. *Si l'expertise est demandée, les deux experts seront nommés, l'un par le sous-préfet, l'autre par le réclamant*, et il sera procédé à la vérification dans les formes prescrites par l'arrêté du Gouvernement du 24 floréal an VIII (2).

Art. 30. — Le recours contre les arrêtés du Conseil de préfecture ne sera soumis qu'au droit du timbre; il pourra être transmis au Gouvernement par l'intermédiaire du Préfet, sans frais.

---

(1) Dispositions modifiées par la loi du 27 décembre 1927 (art. 10 à 14 précités).

(2) Article modifié en partie par l'article 16 de la loi du 17 juillet 1895 :

Art. 16. — En matière soit de Contributions directes, soit de taxes assimilées aux Contributions directes pour le recouvrement, et dont l'assiette et la répartition sont confiées à l'Administration des Contributions directes, toute expertise demandée par un contribuable en réclamation ou ordonnée d'office par le Conseil de préfecture est faite par trois experts, à moins que les parties ne consentent qu'il y soit procédé par un seul.

Dans ce dernier cas, l'expert est nommé par le Conseil de préfecture. Si l'expertise est confiée à trois experts, l'un d'eux est nommé par ce Conseil, et chacune des parties est appelée à nommer son expert.

Les frais d'expertise sont supportés par la partie qui succombe. Ils peuvent, en raison des circonstances de l'affaire, être compensés en tout ou en partie.

Les dispositions contenues dans les trois paragraphes qui précèdent seront applicables à partir de la promulgation de la présente loi.

L'article 29 de la loi du 21 avril 1832 est modifié en ce qu'il a de contraire à ces dispositions. L'article 5 de la loi du 29 décembre 1884 est abrogé.

— 1 —

LOI

*portant fixation du budget des recettes
de l'exercice 1845.*

(4 août 1844.)

Art. 8. — Le délai de trois mois accordé aux contribuables par
l'article 28 de la loi du 21 avril 1832, pour présenter les réclamations qu'ils sont autorisés à former contre les rôles des Contributions directes ne courra qu'à partir *de la publication desdits
rôles* (1).

. . . .

(1) Article modifié par l'article 20 de la loi du 31 décembre 1921 et
l'article 2 du décret du 16 novembre 1926 :
Art. 20. — Le délai de trois mois fixé pour les réclamations par l'article 28 de la loi du 21 avril 1832 et l'article 8 de la loi du 4 août 1844
part du premier jour du mois qui suit la *mise en recouvrement du rôle.*

— 1 —

LOI

portant fixation du budget des recettes de l'exercice 1847.

(3 juillet 1846.)

ART. 6. — Dans les trois mois de la *publication des rôles* (1), les percepteurs des Contributions directes formeront, s'il y a lieu, pour chacune des communes de leur perception, des états présentant, par nature de contribution, les cotes qui leur paraîtront avoir été indûment imposées, et adresseront ces états au Préfet et aux Sous-Préfets, par l'intermédiaire des Receveurs des finances. Les états dont il s'agit seront renvoyés aux Contrôleurs des Contributions directes, qui vérifieront les faits et les motifs allégués par les percepteurs, et donneront leur avis, après avoir pris celui du maire ou des répartiteurs. Le Directeur des Contributions directes fera son rapport, et le Conseil de préfecture statuera (2). Le montant des décharges prononcées sur les contributions *foncière* (3) personnelle et mobilière sera réimposé au rôle de l'année suivante.

---

(1) Actuellement, dans les trois mois à partir du premier jour du mois qui suit la mise en recouvrement du rôle (Loi du 31 décembre 1921, art. 20, et décret du 16 novembre 1926, art. 2).

(2) Aux termes de l'article 18 de la loi du 30 décembre 1928, les dispositions des articles 10 à 13 de la loi du 27 décembre 1927 sont applicables à la présentation et au jugement des états en question.

(3) Il n'y a plus lieu à réimposition en matière de contribution foncière, celle-ci étant maintenant un impôt de quotité (lois du 8 août 1890, art. 4 et du 29 mars 1914, art. 1er).

LOI

relative à l'application de l'impôt des mutations aux biens de mainmorte.

(20 février 1849.)

ART. 2. — Les formes prescrites pour l'assiette et le recouvrement de la contribution foncière seront suivies pour l'établissement et la perception de la nouvelle taxe.

— I —

LOI

*portant fixation du budget général des dépenses
et des recettes de l'exercice 1855.*

(22 juin 1854.)

Art. 16. — Les cotes indûment imposées aux rôles des contributions directes, qui n'auraient pas été comprises dans les états présentés par les percepteurs dans les trois premiers mois de l'exercice, et dont l'irrécouvrabilité serait, d'ailleurs, dûment constatée, pourront être portées sur les états de cotes irrécouvrables rédigés en fin d'année, et être allouées en décharge par les Conseils de préfecture (1).

____

(1) Dispositions modifiées par la loi du 30 décembre 1928 (art. 18).

LOI

relative à l'établissement d'une taxe municipale sur les chiens.

(2 mai 1855.)

———

ART. 6. — Le recouvrement des taxes autorisées par la présente loi aura lieu comme en matière de contributions directes.

— 1 —

LOI

qui modifie diverses dispositions du Code forestier

(18 juin 1859.)

Art. 226. — Les semis et plantations de bois sur le sommet et le penchant des montagnes, sur les dunes et dans les landes, seront exempts de tous impôts pendant trente ans.

Les semis et plantations de bois effectués après incendie sont également exempts de tout impôt pendant une durée égale à l'âge des bois incendiés, s'il n'est pas supérieur à vingt ans (1).

(1) Ainsi complété par l'article 9 de la loi du 26 mars 1924.

— 1 —

DÉCRET

relatif à la procédure devant le Conseil d'État en matière conten-
tieuse et aux règles à suivre par les Ministres dans les affaires
contentieuses.

(2 novembre 1864.)

Art. 4. — Doivent être formés dans le même délai (deux mois) :
l'opposition aux décisions rendues par défaut, autorisée par l'article 29 du décret du 22 juillet 1806 ; les recours autorisés par
l'article 32 du même décret et par l'article 20 du décret du 30 janvier 1852.

RÈGLEMENT

*arrêté par le Ministre des Finances sur la comptabilité
des dépenses du ministère des finances.*

(26 décembre 1866.)

§ 257 de la nomenclature. — Les frais judiciaires exposés en
matière de poursuites pour la rentrée des contributions directes
et avancés par les receveurs des finances leur sont remboursés en
vertu de décisions spéciales du Ministre (1).

(1) Aux termes de l'article 16 de la loi du 27 décembre 1927, l'annulation ou la réduction de l'imposition contestée entraineront de plein droit
allocation totale ou proportionnelle en non-valeur du coût des actes de
poursuites signifiés au réclamant.

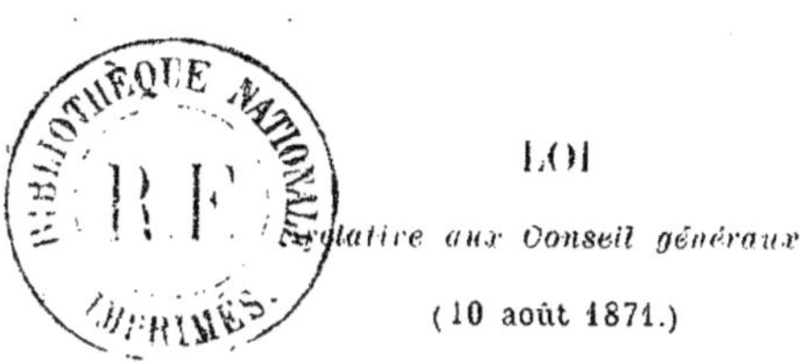

LOI

relative aux Conseil généraux.

(10 août 1871.)

ART. 54. — Le Préfet intente les actions en vertu de la décision du Conseil général, et il peut, sur l'avis conforme de la Commission départementale, défendre à toute action intentée contre le département.

Il fait tous les actes conservatoires et interruptifs de déchéance.

En cas de litige entre l'État et le département, l'action est intentée ou soutenue, au nom du département, par un membre de la Commission départementale désigné par elle.

Le Préfet, sur l'avis conforme de la Commission départementale, passe les contrats au nom du département.

— 1 —

LOI

*sur les recettes et les dépenses à autoriser provisoirement
jusqu'au 1ᵉʳ avril 1872.*

(18 décembre 1871.)

ART. 5. — Les taxes..... sur les cercles, sociétés et lieux de réunion sont recouvrées comme en matière de contributions directes.
Néanmoins, la taxe sur les cercles, sociétés et lieux de réunion
est payable en une seule fois dans le mois qui suit la *publication
du rôle* (1).

. . . .

. . . ., l'instruction et le jugement des réclamations en décharge ou réduction et des demandes en remise ou modération ont
lieu comme en matière de contributions directes.

. . . .

---

(1) Actuellement, mise en recouvrement du rôle (décret du 16 novembre 1926, art. 2).

— 1 —

LOI

portant réorganisation du Conseil d'État.

(24 mai 1872.)

ART. 23. — *Le procès-verbal des séances de la section et de l'assemblée du Conseil d'État, statuant au contentieux, mentionne l'accomplissement des dispositions contenues dans les articles 15, 17, 18, 19, 20, 21 et 22 (1).*

Dans le cas où ces dispositions n'ont pas été observées, la décision peut être l'objet d'un recours en revision qui est introduit dans les formes établies par l'article 33 du décret du 22 juillet 1806 et dans les délais fixés par le décret du 2 novembre 1864.

---

(2) Ce paragraphe a été modifié par la loi du 1ᵉʳ mars 1923.

— 1 —

LOI

relative aux contributions directes à percevoir en 1873.

(23 juillet 1872.)

ART. 10. — Il sera attribué aux communes un vingtième du produit de l'impôt sur les voitures et chevaux, etc., établi par l'article 4 de la loi du 2 juillet 1862 et dont l'assiette est modifiée par la présente loi, déduction faite des cotes et portions de cotes dont le dégrèvement aura été accordé.

— 1 —

LOI

sur les patentes.

(15 juillet 1880.)

———

Art. 26. — Les patentés qui réclameront contre la fixation de leurs taxes seront admis à prouver la justice de leurs réclamations par la représentation d'actes de société légalement publiés, de journaux et livres de commerce régulièrement tenus, et par tous autres documents.

Art. 27. — Les réclamations en décharge ou réduction et les demandes en remise ou modération seront communiquées aux maires ; elles seront d'ailleurs présentées, instruites et jugées dans les formes et délais prescrits pour les autres contributions directes.

Art. 28. — La contribution des patentes est due pour l'année entière par tous les individus exerçant au mois de janvier une profession imposable.

En cas de cession d'établissement, la patente sera, sur la demande du cédant ou du cessionnaire, transférée à ce dernier. La demande sera recevable dans le délai de trois mois à partir, soit de la cession de l'établissement, soit de la *publication du rôle supplémentaire* (1) dans lequel le cessionnaire aura été personnellement imposé pour l'établissement cédé. *La mutation de cote sera réglée par le Préfet, et les droits qui formeraient double emploi au préjudice du cessionnaire seront alloués en décharge par le Conseil de préfecture* (2).

En cas de fermeture des établissements, magasins, boutiques et ateliers, par suite de décès, de liquidation judiciaire ou de faillite déclarée, les droits ne seront dus que pour le passé et le mois

———

(1) Actuellement, mise en recouvrement du rôle supplémentaire (décret du 16 novembre 1926, art. 2).

(2) Les demandes en transfert de patente sont actuellement présentées, instruites et jugées d'après les règles prévues par la loi du 27 décembre 1927 (art. 10 à 13).

— 2 —

courant. Sur la réclamation des parties intéressées, il sera accordé
décharge du surplus de la taxe (1).

ART. 30. — En cas de déménagement hors du ressort de la perception, comme en cas de vente volontaire ou forcée, la contribution
des patentes sera immédiatement exigible en totalité.

Les propriétaires, et à leur place les principaux locataires, qui
n'auront pas, un mois avant le terme fixé par le bail ou par les
conventions verbales, donné avis au percepteur du déménagement
de leurs locataires, seront responsables des sommes dues par ceux-
ci pour la contribution des patentes.

Dans le cas où ce terme serait devancé, comme dans le cas de
déménagement furtif, les propriétaires, et, à leur place, les princi-
paux locataires, deviendront responsables de la contribution de
leurs locataires, s'ils n'ont pas, dans les huit jours, donné avis du
déménagement au percepteur (2).

La part de la contribution laissée à la charge des propriétaires
ou principaux locataires par les paragraphes précédents comprendra
seulement le dernier douzième échu et le douzième courant dû par
le patentable.

---

(1) Paragraphe ainsi modifié par l'article 30 de la loi du 8 août 1890.
(2) Paragraphe ainsi modifié par l'article 14 de la loi du 19 avril 1905.

LOI

sur l'organisation municipale.

(5 avril 1884.)

Art. 61. — Le Conseil municipal règle par ses délibérations les affaires de la commune.

Il donne son avis toutes les fois que cet avis est requis par les lois et règlements, ou qu'il est demandé par l'administration supérieure.

Il réclame, s'il y a lieu, contre le contingent assigné à la commune dans l'établissement des impôts de répartition.

Il émet des vœux sur tous objets d'intérêt local.

Il dresse chaque année une liste contenant un nombre double de celui des répartiteurs et des répartiteurs suppléants à nommer ; et, sur cette liste, le sous-préfet nomme les cinq répartiteurs visés dans l'article 9 de la loi du 3 frimaire an VII et les cinq répartiteurs suppléants.

Art. 82. — Le maire est seul chargé de l'administration ; mais il peut, sous sa surveillance et sa responsabilité, déléguer par arrêté une partie de ses fonctions à un ou plusiers de ses adjoints, et, en l'absence ou en cas d'empêchement des adjoints, à des membres du Conseil municipal.

Ces délégations subsistent tant qu'elles ne sont pas rapportées.

Art. 128. — Lorsqu'une section se propose d'intenter ou de soutenir une action judiciaire, soit contre la commune dont elle dépend, soit contre une autre section de la même commune, il est formé, pour la section et pour chacune des communes intéressées, une commission syndicale distincte.

Art. 129. . . . .
Ils (les membres de la commission syndicale) élisent parmi eux un président chargé de suivre l'action.

— 1 —

LOI

portant fixation du budget des recettes de l'exercice 1885.

(29 décembre 1884.)

—

ART. 4. — Dans le cas où, par suite de faux ou double emploi, des cotes seraient indûment imposées dans les rôles des contributions directes ou des taxes y assimilées, le délai pour la présentation des réclamations ne prendra fin que trois mois après que le contribuable aura eu connaissance officielle des poursuites dirigées contre lui par le percepteur pour le recouvrement de la cotisation indûment imposée.

— 1 —

LOI

*portant fixation du budget général des dépenses et des recettes
de l'exercice 1886.*

(8 août 1885.)

Art. 35. — A partir du 1er janvier 1886, les vacances de maisons
ou de parties de maisons ne donneront lieu à remise ou modération
d'impôt foncier que lorsque l'inhabitation aura duré une année au
moins. Toutes les dispositions des lois antérieures contraires au
présent article sont abrogées.

— 1 —

LOI

*relative aux contributions directes
et aux taxes y assimilées de l'exercice 1888.*

(21 juillet 1887.)

———

ART. 2. — *Tout contribuable qui se croira imposé à tort ou
surtaxé dans les rôles des contributions directes ou des taxes y
assimilées dont l'assiette est confiée aux Contrôleurs des Contributions directes pourra en faire la déclaration à la mairie du lieu
de l'imposition dans le mois qui suivra la publication desdits
rôles (1).*

*Cette déclaration sera reçue, sans frais ni formalités, sur un
registre tenu à la mairie; elle sera signée par le réclamant ou son
mandataire.*

*Celles de ces déclarations que, après examen sommaire, le Con-
trôleur, d'accord avec le maire ou les répartiteurs, aura reconnues
fondées, seront inscrites sur un état spécial. Le Directeur prononcera les dégrèvements qu'il estimera justifiés.*

*Les contribuables dont les déclarations n'auraient pas été portées
par le Contrôleur ou maintenues par le Directeur sur l'état dont
il s'agit en seront avisés et ils auront la faculté de présenter des
demandes en dégrèvement dans les formes ordinaires, dans le délai
d'un mois à partir de la date de la notification, sans préjudice des
délais fixés par l'article 17 de la loi du 13 juillet 1903 (2).*

ART. 3. — *Les Directeurs des Contributions directes auront, en
tout temps, la faculté d'inscrire d'office sur des états particuliers*

---

(1) Actuellement, mise en recouvrement des rôles (décret du 16 novembre 1926, art. 2).

(2) Article ainsi modifié par l'article 5 de la loi du 18 juillet 1911.

L'article 17 de la loi du 13 juillet 1903 a été, au surplus, modifié par
l'article 20 de la loi du 31 décembre 1921, en ce qui concerne la question
des délais, et par les articles 10 à 16 de la loi du 27 décembre 1927,
en ce qui a trait à la présentation des réclamations.

— 2 —

de dégrèvement les cotes ou portions de cotes qui seront reconnues former surtaxe. Les dégrèvements seront prononcés par les Directeurs eux-mêmes toutes les fois que le maire ou les répartiteurs auront exprimé un avis favorable à ces dégrèvements; dans le cas contraire, il sera statué par le Conseil de préfecture (1).

---

(1) Article ainsi modifié par l'article 4 de la loi du 18 juillet 1911.

— 1 —

LOI

*portant fixation du budget général des dépenses
et des recettes de l'exercice 1890.*

(17 juillet 1889.)

ART. 3. — . . . .

Les père et mère de sept enfants vivants, mineurs, légitimes ou reconnus, assujettis à une contribution personnelle-mobilière égale ou inférieure à 10 francs en principal (1), seront exonérés d'office de cette contribution.

Les dégrèvements seront imputés sur le fonds de non-valeurs (2).

---

(1) La contribution personnelle-mobilière ayant été supprimée, en ce qui concerne la part de l'Etat, par l'article 1er de la loi du 31 juillet 1917, c'est le principal fictif qui sert actuellement à déterminer le droit à l'exemption.

(2) Ainsi modifié par l'article 31 de la loi du 8 août 1890.

— I —

LOI

sur la procédure à suivre devant les Conseils de préfecture.

(22 juillet 1889.) (1)

TITRE Ier. — INTRODUCTION DES INSTANCES
ET MESURES GÉNÉRALES D'INSTRUCTION.

ARTICLE PREMIER. — Les requêtes introductives d'instance concernant les affaires sur lesquelles le Conseil de préfecture est appelé à statuer par la voie contentieuse doivent être déposées au greffe du Conseil, sauf disposition contraire contenue dans une loi spéciale.

Ces requêtes sont inscrites, à leur arrivée, sur le registre d'ordre qui doit être tenu par le secrétaire-greffier ; elles sont en outre marquées, ainsi que les pièces qui y sont jointes, d'un timbre indiquant la date de l'arrivée.

Le secrétaire-greffier délivre aux parties qui en font la demande un certificat qui constate l'arrivée au greffe de la réclamation et des différents mémoires produits.

ART. 2. — La requête introductive d'instance doit contenir les nom, profession et domicile du demandeur, les nom et demeure du défendeur, l'objet de la demande et l'énonciation des pièces dont le requérant entend se servir et qui y sont jointes.

ART. 3. — Les requêtes présentées, soit par les particuliers, soit par l'administration, doivent être accompagnées de copies certifiées

---

(1) Les dispositions de ladite loi ont été modifiées par celles de la loi du 29 avril 1926 et des décrets des 6 et 26 septembre 1926.

— 2 —

conformes par le requérant, destinées à être notifiées aux parties en cause. Ces copies ne sont pas assujetties au droit de timbre.

Lorsqu'aucune copie n'est produite, ou lorsque le nombre des copies n'est pas égal à celui des parties, ayant un intérêt distinct, auxquelles le Conseil de préfecture aurait ordonné la communication prévue par l'article 6, le demandeur est averti par le secrétaire-greffier que, si la production n'en est pas faite dans le délai de quinze jours à partir de cet avertissement, le Conseil de préfecture déclarera la requête non avenue.

Art. 4. — Les parties peuvent faire signifier leur demande par exploit d'huissier. Dans ce cas, l'original de l'exploit est déposé au greffe. Si ce dépôt n'est pas fait dans le délai de quinze jours à dater de la signification, l'exploit est périmé.

Les frais de la signification par huissier n'entrent pas en taxe.

Art. 5. — Immédiatement après l'enregistrement au greffe des requêtes introductives d'instance, le président du Conseil de préfecture désigne un rapporteur, auquel le dossier est transmis dans les vingt-quatre heures.

Art. 6. — Dans les huit jours qui suivent cette transmission, le Conseil de préfecture, réuni en chambre du conseil, règle, le rapporteur entendu, la notification aux parties défenderesses des requêtes introductives d'instance.

Il fixe, eu égard aux circonstances de l'affaire, le délai accordé aux parties pour fournir leur défense, et désigne l'agent qui sera chargé de cette notification.

Art. 7. — Les décisions prises par le Conseil de préfecture pour l'instruction des affaires, dans les cas prévus par l'article précédent, sont notifiées aux parties défenderesses, dans la forme administrative et dans les délais fixés par le Conseil, par l'agent qu'il a désigné, en même temps que les copies des requêtes et mémoires déposés au greffe, en exécution de l'article 3.

Il est donné récépissé de cette notification.

A défaut de récépissé, il est dressé procès-verbal de la notification par l'agent qui l'a faite.

Le récépissé ou le procès-verbal est transmis immédiatement au greffe du Conseil de préfecture.

Art. 8. — Les parties ou leurs mandataires peuvent prendre

connaissance au greffe, mais sans déplacement, des pièces de l'affaire.

Toutefois le président du Conseil peut autoriser le déplacement des pièces, pendant un délai qu'il détermine, sur la demande des avocats ou des avoués, chargés de défendre les parties.

Si le mandataire d'une partie n'est ni avoué exerçant dans le département, ni avocat, il doit justifier de son mandat par un acte sous seing privé légalisé par le maire et enregistré, ou par un acte authentique.

L'individu privé du droit de témoigner en justice ne peut être admis comme mandataire d'une partie.

Lorsque la partie est domiciliée en dehors du département, elle doit faire élection de domicile au chef-lieu.

ART. 9. — Les mémoires en défense et les répliques sont déposées au greffe dans les conditions fixées par les articles 1, 2, 3 et 4 de la présente loi.

La communication en est ordonnée par le Conseil de préfecture comme pour les requêtes introductives d'instance.

ART. 10. — Lorsqu'il s'agit de contravention, il est procédé comme il suit, à défaut de règles établies par des lois spéciales :

Dans les dix jours qui suivent la rédaction d'un procès-verbal de contravention et son affirmation quand elle est exigée, le Préfet fait faire au contrevenant notification de la copie du procès-verbal ainsi que de l'affirmation, avec citation à comparaître dans le délai d'un mois devant le Conseil de préfecture. La notification et la citation sont faites dans la forme administrative.

La citation doit indiquer à l'inculpé qu'il est tenu, s'il veut fournir des défenses écrites, de les déposer dans le délai de quinzaine à partir de la notification qui lui est faite et l'inviter à faire connaître, en produisant sa défense écrite, s'il entend user du droit de présenter des observations orales à l'audience.

Il est dressé acte de la notification et de la citation ; cet acte doit être adressé au Conseil de préfecture et y être enregistré, comme il est dit en l'article 1er.

Le Conseil de préfecture ordonne, s'il y a lieu, la communication à l'administration compétente du mémoire en défense produit par l'inculpé et la communication à l'inculpé de la réponse faite par l'administration.

ART. 11. — Les réclamations en matière électorale et en matière

de contributions directes continueront à être présentées et instruites
dans les formes prescrites par les lois spéciales de la matière (1).

Lorsque les parties seront appelées à fournir des observations en
exécution de l'article 29 de la loi du 21 avril 1832 et de l'article 87
de la loi du 5 avril 1884, elles devront être invitées à faire connaître si elles entendent user du droit de présenter des observations orales à la séance publique où l'affaire sera portée pour être
jugée.

Il en sera de même des réclamations relatives aux taxes qui
sont assimilées aux contributions directes pour le recouvrement,
et dont l'assiette et la répartition sont confiées à l'Administration
des Contributions directes (1).

Les réclamations relatives aux taxes assimilées dont l'assiette
n'est pas confiée à cette Administration seront instruites dans les
formes prescrites par les articles 1 à 9 de la présente loi.

ART. 12. — Lorsque l'affaire est en état d'être jugée, ou lorsqu'il
y a lieu d'ordonner des vérifications au moyen d'expertises, d'enquêtes ou autres mesures analogues, le rapporteur prépare un
rapport.

Ce rapport est remis au secrétaire-greffier, qui le transmet immédiatement au commissaire du Gouvernement.

TITRE II. — DES DIFFÉRENTS MOYENS DE VÉRIFICATION.
§ 1er. — *Des expertises.*

ART. 13. — Le Conseil de préfecture peut, soit d'office, soit sur
la demande des parties ou de l'une d'elles, ordonner, avant faire
droit, qu'il sera procédé à une expertise sur les points déterminés
par sa décision.

En matière de dommages résultant de l'exécution des travaux
publics ou de subventions spéciales pour dégradations extraordinaires aux chemins vicinaux, l'expertise doit être ordonnée si elle
est demandée par les parties ou par l'une d'elles pour faire vérifier
les faits qui servent de base à la réclamation.

ART. 14. — L'expertise sera faite par trois experts, à moins que
les parties ne consentent qu'il y soit procédé par un seul.

---

(1) En ce qui concerne les réclamations relatives aux contributions
directes et aux taxes assimilées, voir les modifications apportées à la
législation antérieure par la loi du 27 décembre 1927 (art. 10 à 16).

— 5 —

Dans ce dernier cas, l'expert est nommé par le Conseil, à moins que les parties ne s'accordent pour le désigner.

Si l'expertise est confiée à trois experts, l'un d'eux est nommé par le Conseil de préfecture et chacune des parties est appelée à nommer son expert.

Art. 15. — Les parties qui ne sont pas présentes à la séance publique où l'expertise est ordonnée, ou qui n'ont pas dans leurs requêtes et mémoires désigné leur expert, sont invités par une notification faite conformément à l'article 7, à le désigner dans le délai de huit jours.

Si cette désignation n'est pas parvenue au greffe dans ce délai, la nomination est faite d'office par le Conseil de préfecture.

Art. 16. — L'arrêté du Conseil de préfecture qui ordonne l'expertise et en fixe l'objet, et qui nomme, s'il y a lieu, le ou les experts, désigne l'autorité devant laquelle ils doivent prêter serment, à moins que le Conseil ne les en dispense, du consentement des parties.

La prestation de serment et l'expédition du procès-verbal ne donnent lieu à aucun droit d'enregistrement.

Le Conseil de préfecture fixe, en outre, le délai dans lequel les experts seront tenus de déposer leur rapport au greffe.

Art. 17. — Les fonctionnaires qui ont exprimé une opinion dans l'affaire litigieuse, ou qui ont pris part aux travaux qui donnent lieu à une réclamation, ne peuvent être désignés comme experts.

Les règles établies par le Code de procédure civile pour la récusation des experts sont applicables dans le cas où les experts sont désignés d'office par le Conseil de préfecture.

La récusation doit être proposée dans les huit jours de la notification de l'arrêté qui a désigné l'expert. Elle est jugée d'urgence.

Art. 18. — Dans le cas où un expert n'accepte pas la mission qui lui a été confiée, il en est désigné un autre à sa place.

L'expert qui, après avoir accepté sa mission, ne la remplit pas, et celui qui ne dépose pas son rapport dans le délai fixé par le Conseil de préfecture, peuvent être condamnés à tous les frais frustratoires, et même à des dommages-intérêts, s'il y a lieu. L'expert est, en outre, remplacé, s'il y a lieu.

Art. 19. — Les parties doivent être averties par le ou les experts des jour et heure auxquels il sera procédé à l'expertise ; cet avis leur est adressé quatre jours au moins à l'avance par lettre recommandée.

Les observations faites par les parties, dans le cours des opérations, doivent être consignées dans le rapport.

Art. 20. — S'il y a plusieurs experts, ils procèdent ensemble à la visite des lieux et dressent un seul rapport. Dans le cas où ils sont d'avis différents, ils indiquent l'opinion de chacun d'eux et les motifs à l'appui.

Art. 21. — Le rapport est déposé au greffe du Conseil. Les parties sont invitées, par une notification faite conformément à l'article 7, à en prendre connaissance et à fournir leurs observations dans le délai de quinze jours ; une prorogation de délai peut être accordée.

Art. 22. — Si le Conseil ne trouve pas dans le rapport d'expertise des éclaircissements suffisants, il peut ordonner un supplément d'instruction, ou bien ordonner que les experts comparaîtront devant lui pour fournir les explications et renseignements nécessaires.

En aucun cas, le Conseil n'est obligé de suivre l'avis des experts.

Art. 23. — Les experts joignent à leur rapport un état de leurs vacations, frais et honoraires.

La liquidation et la taxe en sont faites par arrêté du président du Conseil de préfecture, même en matière de contributions directes ou de taxes assimilées, conformément au tarif qui sera fixé par un règlement d'administration publique (1) ; mais les experts ou les parties peuvent, dans le délai de trois jours à partir de la notification qui leur est faite dudit arrêté, contester la liquidation devant le Conseil de préfecture, statuant en chambre du conseil.

Art. 24. — En cas d'urgence, le président du Conseil de préfecture peut, sur la demande des parties, désigner un expert pour constater des faits qui seraient de nature à motiver une réclamation devant ce Conseil.

Avis en est immédiatement donné au défendeur éventuel.

____

(1) Le tarif actuellement en vigueur est fixé par le décret du 28 mars 1921.

§ 2. — *Des visites de lieux.*

Art. 25. — Le Conseil peut, lorsqu'il le croit nécessaire, ordonner qu'il se transportera tout entier ou que l'un ou plusieurs de ses membres se transporteront sur les lieux pour y faire les constatations et vérifications déterminées par son arrêté.

Le Conseil ou ses membres peuvent, en outre, dans le cours de la visite, entendre à titre de renseignements les personnes qu'ils désignent et faire faire en leur présence les opérations qu'ils jugent utiles.

Les parties sont averties, par une notification faite conformément à l'article 7, du jour et de l'heure auxquels la visite des lieux doit se faire.

Il est dressé procès-verbal de l'opération.

Les frais de cette visite sont compris dans les dépens de l'instance.

§ 3. — *Des enquêtes et des interrogatoires.*

Art. 26. — Le Conseil peut, soit sur la demande des parties, soit d'office, ordonner une enquête sur les faits dont la constatation lui paraît utile à l'instruction de l'affaire.

Art. 27. — L'arrêté qui ordonne l'enquête indique les faits sur lesquels elle doit porter et décide, suivant le cas, si elle aura lieu, soit devant le Conseil en séance publique, soit devant un membre du Conseil qui se transportera sur les lieux.

Art. 28. — Les parties sont averties, par une notification faite conformément à l'article 7, qu'elles peuvent prendre connaissance au greffe de l'arrêté qui ordonne l'enquête, et elles sont invitées à présenter leurs témoins au jour fixé par cet arrêté.

Les parties peuvent assigner les témoins, à leurs frais, par exploit d'huissier.

Art. 29. — Ne peuvent être entendus comme témoins les parents ou alliés en ligne directe de l'une des parties ou leurs conjoints.

Toutes autres personnes sont admises comme témoins, à l'exception de celles qui sont incapables de témoigner en justice.

Art. 30. — Les témoins sont entendus séparément, tant en présence qu'en l'absence des parties. Chaque témoin, avant d'être entendu, déclare ses nom, prénoms, profession, âge et demeure ; s'il est parent ou allié des parties et à quel degré ; s'il n'est domestique ou serviteur de l'une d'elles. Il fait, à peine de nullité, le serment de dire la vérité.

Les individus qui n'ont pas l'âge de quinze ans révolus ne sont pas admis à prêter serment et ne peuvent être entendus qu'à titre de renseignements.

Les témoins peuvent être entendus de nouveau et confrontés les uns avec les autres.

Art. 31. — Dans le cas où l'enquête a lieu à l'audience publique, le secrétaire-greffier dresse procès-verbal de l'audition des témoins.

Ce procès-verbal est visé par le président et annexé à la minute de l'arrêté.

Art. 32. — Si l'enquête est confiée à un des membres du Conseil, il est dressé procès-verbal contenant l'énoncé des jour, lieu et heure de l'enquête ; la mention de l'absence ou de la présence des parties ; les noms, prénoms, professions et demeures des témoins ; les reproches proposés ; le serment prêté par les témoins ou les causes qui les ont empêchés de le prêter ; leur déposition.

Il est donné lecture à chaque témoin de sa déposition, et le témoin la signe, ou mention est faite qu'il ne sait, ne peut ou ne veut signer.

Le procès-verbal dressé par le commissaire enquêteur est déposé au greffe du Conseil.

Art. 33. — Si les parties n'ont pas assisté à l'enquête, elles sont averties, par une notification faite conformément à l'article 7, qu'elles peuvent prendre connaissance du procès-verbal au greffe, dans le délai fixé par le Conseil de préfecture.

Art. 34. — Lorsque le Conseil de préfecture a ordonné une enquête sur la validité des opérations électorales qui sont contestées devant lui, il doit statuer sur la réclamation dans le délai déterminé par l'article 38 de la loi du 5 avril 1884.

Les notifications prévues aux articles 28 et 33 peuvent être faites conformément aux deux derniers paragraphes de l'article 44.

Art. 35. — Si les témoins entendus dans une enquête requièrent taxe, la taxe est faite par le président du Conseil ou le commissaire

— 9 —

enquêteur, suivant le cas, conformément au tarif qui sera fixé par un règlement d'administration publique.

Il ne sera pas accordé de taxe aux témoins en matière électorale.

ART. 36. — Le Conseil peut, soit d'office, soit sur la demande des parties, ordonner que les parties seront interrogées, soit à la séance publique, soit en chambre du conseil.

§ 4. — *Des vérifications d'écritures et de l'inscription de faux.*

ART. 37. — Le Conseil peut ordonner une vérification d'écritures par un ou plusieurs experts qu'il nomme, en présence d'un des membres du conseil désigné à cet effet.

ART. 38. — Dans le cas de demande en inscription en faux contre une pièce produite, le Conseil fixe le délai dans lequel la partie qui l'a produite sera tenue de déclarer si elle entend s'en servir.

Si la partie déclare qu'elle n'entend pas se servir de la pièce, ou ne fait pas de déclaration, la pièce est rejetée.

Si la partie déclare qu'elle entend se servir de la pièce, le Conseil peut, soit surseoir à statuer sur l'instance principale jusqu'après le jugement du faux par le tribunal compétent, soit statuer au fond, s'il reconnaît que la décision ne dépend pas de la pièce arguée de faux.

TITRE III. — DES INCIDENTS.

ART. 39. — Sont applicables aux demandes incidentes les règles établies par les articles 1 à 9 de la présente loi.

ART. 40. — L'intervention est admise de la part de ceux qui ont intérêt à la décision du litige engagé devant le Conseil de préfecture.

ART. 41. — Les dispositions des articles 378 à 389 du Code de procédure civile sur la récusation des juges sont applicables devant les Conseils de préfecture.

ART. 42. — Le désistement peut être fait et accepté par des actes signés des parties ou de leurs mandataires et déposés au greffe.

Les frais du procès sont à la charge de la partie qui se désiste.

TITRE IV. — DU JUGEMENT.

ART. 43. — Le rôle de chaque séance publique est arrêté par le président du Conseil; il est communiqué au commissaire du Gouvernement et affiché à la porte de la salle d'audience.

ART. 44. — Toute partie doit être avertie, par une notification faite conformément à l'article 7, du jour où l'affaire sera portée en séance publique. Lorsqu'elle est représentée devant le Conseil, la notification est faite à son mandataire ou défenseur, domicilié dans le département.

Dans les deux cas, l'avertissement est donné quatre jours au moins avant la séance.

En matière de contributions directes ou de taxes assimilées, d'élections et de contraventions, l'avertissement n'est donné qu'aux parties qui ont fait connaître, antérieurement à la fixation du rôle, leur intention de présenter des observations orales.

Il peut, dans ces mêmes affaires, être donné par lettre recommandée, exempte de toute taxe postale.

Si les réclamants en matière électorale n'ont pas de mandataire ou défenseur commun, il suffit que l'avertissement soit adressé au premier signataire de la protestation.

ART. 45. — Après le rapport qui est fait sur chaque affaire par un des conseillers, les parties peuvent présenter, soit en personne, soit par mandataire, des observations orales à l'appui de leurs conclusions écrites.

Le Conseil de préfecture peut également entendre les agents de l'administration compétente ou les appeler devant lui pour fournir des explications.

Si les parties présentent des conclusions nouvelles ou des moyens nouveaux, le Conseil ne peut les adopter sans ordonner un supplément d'instruction.

ART. 46. — Le commissaire du Gouvernement donne ses conclusions sur toutes les affaires.

ART. 47. — En toute matière, les arrêtés des Conseils de préfecture sont rendus par des conseillers délibérant en nombre impair.

Ils sont rendus par trois conseillers au moins, président compris.

La décision est prononcée à l'audience publique, après délibéré hors la présence des parties.

— 11 —

Art. 48. — Les arrêtés pris par le Conseil de préfecture mentionnent qu'il a été statué en séance publique.

Ils contiennent les noms et conclusions des parties, le vu des pièces et des dispositions législatives dont ils font l'application.

Lorsque le Conseil statue en matière répressive, les dispositions législatives doivent être textuellement rapportées.

Mention y est faite que les parties ou leurs mandataires ou défenseurs et le commissaire du Gouvernement ont été entendus.

Ils sont motivés.

Les noms des membres qui ont concouru à la décision y sont mentionnés.

La minute de la décision est signée, dans les vingt-quatre heures, par le président, le rapporteur et le secrétaire-greffier.

Art. 49. — La minute des décisions du Conseil de préfecture est conservée au greffe pour chaque affaire, avec la correspondance et les pièces relatives à l'instruction. Les pièces qui appartiennent aux parties sont remises sur récépissé, à moins que le Conseil de préfecture n'ait ordonné que quelques-unes de ces pièces resteraient annexées à la décision.

Les arrêtés du Conseil de préfecture sont exécutoires et emportent hypothèque.

Art. 50. — Sont applicables aux Conseils de préfecture les dispositions de l'article 85 et des articles 88 et suivants du titre V du Code de procédure civile, et celles de l'article 41 de la loi du 29 juillet 1881.

Néanmoins, si des dommages-intérêts sont réclamés à raison des discours et des écrits d'une partie ou de son défenseur, le Conseil de préfecture réservera l'action, pour être statué ultérieurement par le tribunal compétent, conformément au dernier paragraphe de l'article 41 précité.

Il en sera de même si, outre les injonctions que le Conseil peut adresser aux avocats et aux officiers ministériels en cause, il estime qu'il peut y avoir lieu à une autre peine disciplinaire.

Les dispositions de l'article 85 du Code de procédure civile sont applicables aux défenseurs des parties autres que les avocats et les avoués, aussi bien qu'aux parties elles-mêmes.

Art. 51. — L'expédition des décisions est délivrée par le secrétaire-greffier dès qu'il en est requis. Toute décision est notifiée aux parties à leur domicile réel, dans la forme administrative, par les soins du Préfet, lorsque l'instance a été engagée par l'État ou contre lui, et lorsque le Conseil de préfecture a prononcé en matière répressive, sans préjudice pour le droit de la partie de faire la notification par exploit d'huissier.

Dans les autres cas, la notification est faite par exploit d'huissier.

Toutefois, il n'est pas dérogé aux règles spéciales établies pour la notification des décisions en matière de contributions directes et de taxes assimilées à ces contributions, ainsi qu'en matière électorale.

TITRE V.

DE L'OPPOSITION ET DU RECOURS DEVANT LE CONSEIL D'ÉTAT.

ART. 52. — Les arrêtés non contradictoires des Conseils de préfecture en matière contentieuse peuvent être attaqués par voie d'opposition dans le délai d'un mois, à dater de la notification qui en est faite à la partie.

L'acte de notification doit indiquer à la partie que, après l'expiration dudit délai, elle sera déchue du droit de former opposition.

L'opposition est formée suivant les règles établies par les articles 1er à 4 de la présente loi. Les communications sont ordonnées comme pour les requêtes introductives d'instance.

ART. 53. — Sont considérés comme contradictoires les arrêtés rendus sur les requêtes ou mémoires en défense des parties, alors même que les parties ou leurs mandataires n'auraient pas présenté d'observations orales à la séance publique.

Toutefois, si, après une expertise, les parties n'ont pas été appelées à prendre connaissance du rapport d'experts, elles pourront former opposition contre la décision du Conseil de préfecture.

ART. 54. — Lorsque la demande est formée contre deux ou plusieurs parties, et que l'une ou plusieurs d'entre elles n'ont pas présenté de défense, le Conseil surseoit à statuer sur le fond, et ordonne que les parties défaillantes seront averties de ce sursis par une notification faite conformément à l'article 7, et invitées de nouveau à produire leur défense dans un délai qu'il fixe. Après l'expiration du délai, il est statué par une seule décision, qui n'est susceptible d'opposition de la part d'aucune des parties.

ART. 55. — L'opposition suspend l'exécution, à moins qu'il n'en ait été autrement ordonné par la décision qui a statué par défaut.

ART. 56. — Toute partie peut former tierce-opposition à une décision qui préjudicie à ses droits, et lors de laquelle ni elle, ni ceux qu'elle représente n'ont été appelés.

Il est procédé à l'instruction dans les formes établies par les articles 1 à 9 de la présente loi.

ART. 57. — Les arrêtés des Conseils de préfecture peuvent être attaqués devant le Conseil d'État dans le délai de deux mois à dater de la notification, lorsqu'ils sont contradictoires, et à dater de l'expiration du délai d'opposition, lorsqu'ils ont été rendus par défaut.

ART. 58. — Ce délai de deux mois est augmenté, conformément à l'article 73 du Code de procédure civile, modifié par la loi du 3 mai 1862, lorsque le requérant est domicilié hors de la France continentale.

ART. 59. — Le délai de pourvoi court contre l'État ou les administrations représentées par le Préfet, soit à dater du jour où la notification de l'arrêté a été faite par les parties au Préfet, soit à dater du jour où la notification a été faite aux parties par les soins du Préfet.

Lorsque le Conseil de préfecture a statué en matière répressive, le délai court contre l'Administration à partir de la date de l'arrêté.

ART. 60. — Les dispositions du Code de procédure civile relatives à l'appel des jugements préparatoires et interlocutoires sont applicables aux recours formés contre les décisions des Conseils de préfecture.

ART. 61. — Le recours au Conseil d'État contre les arrêtés des Conseils de préfecture peut avoir lieu sans frais et sans l'intervention d'un avocat au Conseil d'État, en matière :

1° De contributions directes ou de taxes assimilées à ces contributions pour le recouvrement ;

2° D'élections ;

3° De contraventions aux lois et règlements sur la grande voirie et autres contraventions dont la répression appartient au Conseil de préfecture, ainsi que d'anticipation sur les chemins vicinaux.

Toutefois, l'exemption du droit de timbre n'est applicable aux recours en matière de contributions directes et de taxes assimilées à ces contributions, sauf les prestations en nature pour les chemins vicinaux, que lorsque la cote est moindre de 30 francs.

Le recours peut être déposé, dans les cas ci-dessus visés, soit au secrétariat général du Conseil d'État, soit à la préfecture, soit à la sous-préfecture. Dans ces deux derniers cas, il est marqué d'un timbre qui indique la date de l'arrivée, et il est transmis par le Préfet au secrétariat général du Conseil d'État.

Il en est délivré récépissé à la partie qui le demande.

TITRE VI. — DES DÉPENS.

ART. 62. — Toute partie qui succombe est condamnée aux dépens. Les dépens peuvent, en raison des circonstances de l'affaire, être compensés en tout ou en partie (1).

ART. 63. — L'article qui précède est applicable à l'Administration dans les contestations relatives, soit au domaine de l'État, soit à l'exécution des marchés passés pour un service public, soit à la réparation des dommages sur lesquels les Conseils de préfecture sont appelés à prononcer.

En matière répressive, la partie acquittée est relaxée sans dépens.

Il n'y a lieu, en matière électorale, à aucune condamnation aux dépens.

La liquidation des frais d'expertise est faite par le président du Conseil de préfecture, conformément à l'article 23.

ART. 64. — Les dépens ne peuvent comprendre que les frais de timbre ou d'enregistrement, les frais de copie des requêtes ou mémoires, les frais d'expertise, d'enquête et autres mesures d'instruction, et les frais de signification de la décision (1).

ART. 65. — La liquidation des dépens est faite, s'il y a lieu, par l'arrêté qui statue sur le litige, conformément au tarif qui sera fixé par un règlement d'administration publique.

ART. 66. — Si l'état des dépens n'est pas soumis en temps utile au Conseil de préfecture, la liquidation en est faite par le président du Conseil, le rapporteur entendu.

____

(1) Sur ce point, voir également l'article 42 de la loi du 29 mars 1897.

Les parties peuvent former opposition à cette décision devant le Conseil de préfecture, statuant en chambre du conseil, dans le délai de huit jours à dater de la notification.

ART. 67. — Le règlement d'administration publique pour l'établissement du tarif des dépens sera rendu dans les six mois qui suivront la promulgation de la présente loi.

ART. 68. — Sont abrogées les dispositions de la loi et des règlements contraires à la présente loi.

LOI

relative aux contributions directes et aux taxes y assimilées
de l'exercice 1891.

(8 août 1890.)

Art. 7. — Tout propriétaire de propriété bâtie est admis à réclamer contre l'évaluation attribuée à son immeuble pendant les six mois, à dater de la *publication* (1) du premier rôle dans lequel cet immeuble aura été imposé, et pendant trois mois à partir de la *publication* (1) du rôle suivant.

En ce qui concerne les rôles subséquents, les propriétaires sont admis à réclamer pendant les trois mois de la *publication* (1) de chaque rôle lorsque, par suite de circonstances exceptionnelles, leur immeuble aura subi une dépréciation.

En dehors des cas prévus aux deux paragraphes précédents, aucune demande en décharge ou en réduction ne sera recevable, sauf dans le cas où l'immeuble serait en tout ou en partie détruit ou converti en bâtiment rural. Les réclamations sont présentées, instruites et jugées, selon les règles suivies en matière de contributions directes.

Art. 9. — Les constructions nouvelles, les reconstructions et les additions de construction seront imposées par comparaison avec les autres propriétés bâties de la commune où elles seront situées.

Elles ne seront soumises à la contribution foncière que la troisième année après leur achèvement (2).

---

(1) Actuellement, mise en recouvrement (décret du 16 novembre 1926, art. 2).

(2) Paragraphes modifiés par l'article 31 de la loi du 1er avril 1926 :
Art. 31. — L'exemption temporaire de l'impôt foncier, dont bénéficient, en vertu de l'article 9 de la loi du 8 août 1890, les constructions nouvelles, les reconstructions et les additions de construction, est fixée à quinze ans, à compter de l'année qui suivra celle de leur achèvement, pour les constructions nouvelles, reconstructions et additions non terminées à

— 2 —

Pour jouir de l'exemption temporaire spécifiée au deuxième paragraphe du présent article, le propriétaire devra faire à la mairie de la commune où sera élevé le bâtiment passible de la contribution, et dans les quatre mois à partir de l'ouverture des travaux, une déclaration indiquant la nature du bâtiment, sa destination et la désignation, d'après les documents cadastraux, du terrain sur lequel il doit être construit (1).

. . . .

ART. 29. — En cas de cession d'établissement, le transfert des droits de patente au nom du cessionnaire pourra être proposé par le Contrôleur des Contributions directes sur un état spécial. Le

---

la date du 31 mars 1922, ou commencées depuis cette date, ainsi que pour celles qui seront entreprises postérieurement à la promulgation de la présente loi, pourvu qu'elles soient achevées avant le 1er janvier 1930. Dans tous les cas où une demande d'autorisation de bâtir est exigée, préalablement à la construction d'un immeuble, cette demande, lorsqu'elle aura été régulièrement produite, tiendra lieu de la déclaration spéciale prévue par l'article 9 de la loi du 8 août 1890.

A titre transitoire, les constructions terminées après le 31 mars 1922 et qui n'auraient pas été l'objet de déclaration dans le délai fixé par la loi du 8 août 1890 et par l'article 60 de la loi du 5 décembre 1922, sur les habitations à bon marché, pourront revendiquer les mêmes droits sur déclaration faite à la mairie dans les six mois qui suivront la promulgation de la présente loi. Toutefois, l'immunité fiscale ne sera acquise que pour la fraction de la période de quinze ans restant à courir, à dater du 1er janvier 1927.

L'exemption est, en outre, étendue, en ce qui concerne les mêmes immeubles, aux taxes spéciales perçues au profit des départements et des communes.

Sont toutefois exclus du bénéfice des dispositions qui précèdent :

1° Les immeubles ou portions d'immeubles affectés à un autre usage que l'habitation ;

2° Les immeubles ou portions d'immeubles construits par les sinistrés de la guerre ou leurs ayants droit et ayant donné lieu à l'attribution de l'indemnité prévue par le premier alinéa de l'article 4 de la loi du 17 avril 1919 relative à la réparation des dommages de guerre ;

3° Les habitations d'agrément, de plaisance ou servant à la villégiature ;

4° Les immeubles ou portions d'immeubles reconnus insalubres et ceux qui auront été construits en violation des lois et règlements sur la protection de la santé publique, sur les servitudes *non aedificandi*, sur la voirie, l'aménagement et l'extension des villes.

Les immeubles ou portions d'immeubles appelés à bénéficier des immunités fiscales instituées par le présent article, qui seraient ultérieurement affectés à la location en meublé ou à un autre usage que l'habitation, cesseront d'avoir droit à ces immunités à compter de l'année immédiatement postérieure à celle de leur transformation, sans toutefois pouvoir être soumis à la contribution foncière avant l'expiration du délai d'exemption fixé par l'article 9 de la loi du 8 août 1890.

. . . .

(1) Voir renvoi (2), page précédente.

— 3 —

cédant et le cessionnaire seront invités à prendre connaissance de cet état à la mairie et à remettre au maire leurs observations dans un délai de dix jours. Passé ce délai, le maire adressera l'état au Directeur des Contributions directes, avec son avis et les observations qui auront pu être produites ; *le Directeur statuera* (1). Toutefois, il n'y aura pas lieu à statuer s'il existe un désaccord entre les conclusions du Directeur et les observations présentées par le cédant ou le cessionnaire.

Il n'est pas d'ailleurs dérogé aux dispositions du deuxième paragraphe de l'article 28 de la loi du 15 juillet 1880 (2).

ART. 30. — Le troisième paragraphe de l'article 28 de la loi du 15 juillet 1880 est modifié comme il suit :

« En cas de fermeture des établissements, magasins, boutiques et ateliers par suite de décès, de liquidation judiciaire ou de faillite déclarée, les droits ne seront dus que pour le passé et le mois courant. Sur la réclamation des parties intéressées, il sera accordé décharge du surplus de la taxe. »

ART. 31. — Le troisième paragraphe de l'article 3 de la loi de finances du 17 juillet 1889 est modifié ainsi qu'il suit :

« Les père et mère de sept enfants vivants, mineurs, légitimes ou reconnus, assujettis à une contribution personnelle-mobilière égale ou inférieure à 10 francs *en principal* (3), seront exonérés d'office de cette contribution.

« Les dégrèvements seront imputés sur le fonds de non-valeurs. »

---

(1) Ainsi modifié par l'article 11 de la loi du 27 décembre 1927.

(2) Sous réserve des modifications apportées audit article par la loi du 27 décembre 1927 (art. 10 à 13).

(3) La contribution personnelle-mobilière ayant été supprimée, en ce qui concerne la part de l'État, par l'article 1er de la loi du 31 juillet 1917, c'est le principal fictif qui sert actuellement à déterminer le droit à l'exemption.

LOI

*relative aux contributions directes et aux taxes y assimilées
de l'exercice 1896.*

(17 juillet 1895.)

Art. 15. — L'article 117 de la loi du 3 frimaire an VII, relative
à la répartition et à l'assiette de la contribution foncière, est remplacé par le suivant :

« Pour jouir de ces divers avantages, le propriétaire devra former
une réclamation dès l'année qui suivra celle de l'exécution des travaux et dans les trois mois de la *publication du rôle* (1). Cette
réclamation sera présentée, instruite et jugée comme les demandes
en décharge ou en réduction concernant la contribution foncière des
propriétés non bâties (2). »

Sont abrogés les articles 118, 119 et 120 de la même loi.

Art. 16. — En matière soit de contributions directes, soit de
taxes assimilées aux contributions directes pour le recouvrement,
et dont l'assiette et la répartition sont confiées à l'Administration
des Contributions directes, toute expertise demandée par un contribuable en réclamation, ou ordonnée d'office par le Conseil de préfecture, est faite par trois experts, à moins que les parties ne
consentent qu'il y soit procédé par un seul.

Dans ce dernier cas, l'expert est nommé par le Conseil de préfecture. Si l'expertise est confiée à trois experts, l'un d'eux est
nommé par ce Conseil, et chacune des parties est appelée à nommer
son expert.

Les frais d'expertise sont supportés par la partie qui succombe.

---

(1) Actuellement, dans les trois mois à partir du premier jour du mois
qui suit la mise en recouvrement du rôle (Loi du 31 décembre 1921, art. 20,
et décret du 16 novembre 1926, art. 2).

(2) Les règles relatives à la présentation des réclamations ont été modifiées par la loi du 27 décembre 1927 (art. 10 à 16).

Ils peuvent, en raison des circonstances de l'affaire, être compensés en tout ou en partie.

Les dispositions contenues dans les trois paragraphes qui précèdent seront applicables à partir de la promulgation de la présente loi.

L'article 29 de la loi du 21 avril 1832 est modifié en ce qu'il a de contraire à ces dispositions. L'article 5 de la loi du 29 décembre 1884 est abrogé.

— j —

LOI

*portant fixation du budget général des dépenses
et des recettes de l'exercice 1897.*

(29 mars 1897.)

Art. 3. — L'article 116 de la loi du 3 frimaire an VII, relative
à la répartition et à l'assiette de la contribution foncière est modifié
comme il suit :

« Le revenu imposable de tout terrain défriché qui sera ultérieurement planté ou semé en bois sera réduit des trois quarts pendant
les trente premières années de la plantation ou du semis, quelle
qu'ait été la nature de culture du terrain avant le défrichement. »

Art. 42. — Lorsqu'à la suite d'une réclamation reconnue fondée,
il y aura lieu de rembourser des contributions, droits ou taxes quel-
conques indûment perçus, le Trésor, le département, la commune
ou l'établissement public pour le compte duquel la perception aura
été faite remboursera au pétitionnaire, en même temps que le principal, le montant des droits de timbre auxquels aura été assujettie
la pétition conformément à l'article 12 de la loi du 13 brumaire
an VII.

En ce qui concerne les réclamations en décharge ou en réduction
de contributions directes et de taxes y assimilées, les frais de
timbre de la demande introductive d'instance, sauf le cas d'exemption de ces frais prévu par l'article 28 de la loi du 21 avril 1882,
sont compris dans les dépenses de l'instance, et les articles 62 et 65
de la loi du 22 juillet 1889 leur sont applicables.

LOI

*relative à diverses mesures de décentralisation et de simplification
concernant les services du ministère des finances.*

(6 décembre 1897.)

Art. 13. — Lorsque le maire ou les répartiteurs, d'une part, et
le Directeur des Contributions directes, d'autre part, seront d'avis
d'accueillir intégralement une demande en décharge ou en réduction relative aux contributions directes ou aux taxes y assimilées,
le dégrèvement sera, sans autre formalité, prononcé par le Directeur.

Le même mode de procéder sera employé à l'égard des déclarations faites à la mairie en conformité de l'article 2 de la loi du
21 juillet 1887 et des états particuliers des cotes indûment imposées autorisés par l'article 8 de la même loi.

Art. 14. — Lorsque des erreurs d'expédition sont constatées
dans les rôles concernant les contributions directes ou les taxes y
assimilées, un état de ces erreurs est dressé par le Directeur des
Contributions directes, approuvé par le Préfet et annexé aux rôles,
à titre de pièces rectificatives. Le Directeur rédige de nouveaux
avertissements et les fait parvenir aux intéressés par l'intermédiaire du maire de la commune de leur domicile. Ces contribuables
sont admis, sans préjudice des autres délais fixés par les lois en
vigueur, à réclamer, dans les trois mois de la remise des nouveaux
avertissements, contre les cotisations qui en font l'objet.

— 1 —

LOI

*portant fixation du budget général des recettes
et dépenses de l'exercice 1900.*

(13 avril 1900.)

Art. 24. — ...Le délai du recours au Conseil d'État, fixé à trois
mois par l'article 11 du décret du 22 juillet 1806, est réduit à **deux
mois**, sans qu'il soit dérogé aux dispositions de lois ou de règlements qui ont fixé des délais spéciaux pour les pourvois au Conseil
d'État.

— 1 —

LOI

*relative aux contributions directes et aux taxes y assimilées
de l'exercice 1904.*

(13 juillet 1903.)

Art. 17. — L'article 28, § 1er, de la loi du 21 avril 1832 est
modifié ainsi qu'il suit :

« Tout contribuable qui se croira imposé à tort ou surtaxé adressera sa demande en décharge ou réduction *au Préfet ou au Sous-
préfet dans les trois mois* (1) *de la publication du rôle* (2), mais
sans préjudice des délais accordés par les lois pour des cas spéciaux.

« Cette demande mentionnera, à peine de non-recevabilité, la
contribution à laquelle elle s'applique et, à défaut de la production de l'avertissement, le numéro de l'article du rôle sous lequel
figure cette contribution ; elle contiendra, indépendamment de l'indication de son objet, l'exposé sommaire des moyens par lesquels son
auteur prétend la justifier.

« Il sera formé une demande distincte pour chaque commune.

« Les demandes entachées d'un des vices de forme prévus aux
deux paragraphes précédents seront, avant toute instruction au
fond, déposées à la préfecture ou à la sous-préfecture conformément aux prescriptions de l'article 29 de la loi du 21 avril 1882 ;
les intéressés seront avisés en même temps qu'ils sont admis à les
régulariser par la simple production des pièces ou indications dont
l'absence aura été constatée. La régularisation pourra valablement
être faite dans les dix jours qui suivront la réception de cet avis

---

(1) Point de départ du délai modifié par l'article 20 de la loi du 31 décembre 1921 :

Art. 20. — Le délai de trois mois fixé pour les réclamations par l'article 28 de la loi du 21 avril 1832 et l'article 8 de la loi du 4 août 1844
part du premier jour du mois qui suit la publication du rôle.

(2) Actuellement, mise en recouvrement du rôle (décret du 16 novembre 1926, art. 2).

et, dans tous les cas, jusqu'à l'expiration des délais fixés pour la présentation des réclamations (1).

« Nul n'est admis à introduire ou à soutenir une réclamation pour autrui s'il ne justifie d'un mandat régulier. Le mandat doit être, à peine de nullité, écrit sur papier timbré et enregistré à moins que la demande à laquelle il s'applique n'ait pour objet une cote inférieure à 30 francs; il doit, sous la même sanction, être produit en même temps que la réclamation lorsque celle-ci est introduite par le mandataire.

---

(1) Dispositions modifiées par la loi du 27 décembre 1927 (art. 10 à 14) :

ART. 10. — A partir du 1er juillet 1928, les réclamations de toute nature qui seront présentées par les contribuables en matière de contributions directes et de taxes assimilées devront, dans les formes et délais prévus par les dispositions législatives et réglementaires en vigueur, être adressées par les intéressés à la Direction des Contributions directes dont dépend le lieu de l'imposition. Il en sera délivré récépissé si les contribuables le demandent.

ART. 11. — Après avis des agents chargés de l'assiette de l'impôt et, s'il y a lieu, du maire, des répartiteurs ou des classificateurs, le Directeur statuera sur les réclamations dans le délai de six mois qui suivra la date de leur présentation, à la seule exception de celles ressortissant à la juridiction gracieuse, qui continueront à être instruites et jugées suivant les règles présentement en vigueur.

Lorsqu'elles ne feront pas droit intégralement aux réclamations, les décisions du Directeur indiqueront d'une façon sommaire les motifs sur lesquels elles sont basées et qui seront reproduits dans la notification adressée au contribuable.

ART. 12. — Dans le cas où la décision du Directeur ne donnera pas entière satisfaction au contribuable, celui-ci aura la faculté, dans le délai d'un mois à partir du jour où il aura reçu notification de cette décision, de porter le litige devant le conseil de préfecture.

Il devra alors faire parvenir, dans les formes prévues par les textes en vigueur et dans le délai susindiqué, au greffe départemental du conseil de préfecture une demande accompagnée de l'avis de notification de la décision du Directeur. Il lui en sera délivré récépissé.

Les vices de forme prévus par les deuxième et troisième alinéas de l'article 28 de la loi du 21 avril 1832, modifié par l'article 17 de la loi du 13 juillet 1903 et qui auraient motivé le rejet d'une réclamation par le Directeur, ainsi que le défaut du timbre, pourront être utilement couverts dans la demande adressée au conseil de préfecture.

ART. 13. — Après enregistrement au greffe, les demandes seront communiquées pour avis au Directeur, qui les renverra au conseil de préfecture après y avoir annexé les dossiers des réclamations primitives et après avoir fait procéder à leur instruction suivant les règles actuellement en vigueur. Toutefois, la communication des dossiers prévue par l'article 29 de la loi du 21 avril 1832 sera donnée aux intéressés au greffe départemental du conseil de préfecture.

ART. 14. — Les demandes d'exemption temporaire d'impôt prévues en faveur des habitations à bon marché continueront à être présentées dans les formes indiquées par l'article 60 de la loi du 5 décembre 1922, mais les dispositions des articles 11, 12 et 13 qui précèdent leur seront applicables.

— 3 —

« Les frais de timbre et d'enregistrement du mandat sont, comme les frais de timbre de la demande, compris dans les dépens de l'instance ; ils sont liquidés et attribués ou compensés dans les conditions prévues au dernier paragraphe de l'article 42 de la loi du 29 mars 1897 (1).

« Lorsqu'une réclamation n'aura pas été jugée dans les six mois qui suivront sa présentation, le contribuable aura la faculté, dans la limite du dégrèvement sollicité par lui, de différer le payement des termes qui viendront à échoir sur la contribution contestée, à la condition d'avoir préalablement, dans sa demande, manifesté cette intention et fixé le montant ou les bases du dégrèvement auquel il prétend (2). »

Sont abrogées les dispositions de l'article 12 de la loi du 6 décembre 1897 et de l'article 6 de la loi du 11 décembre 1902.

(1) Voir l'article 16 de la loi du 27 décembre 1927.
(2) Paragraphe se trouvant abrogé par les dispositions de l'article 15 de la loi du 27 décembre 1927.

— 1 —

LOI

relative à la contribution des patentes.

(19 avril 1905.)

Art. 14. — Le paragraphe 3 de l'article 30 de la loi du 15 juillet 1880 est ainsi modifié :

« Dans le cas où ce terme serait devancé, comme dans le cas de déménagement furtif, les propriétaires et, à leur place, les principaux locataires, deviendront responsables de la contribution de leurs locataires s'ils n'ont pas, dans les huit jours, donné avis du déménagement au percepteur. »

*relative aux contributions directes et aux taxes y assimilées
de l'exercice 1907.*

(19 juillet 1906.)

ART. 4. — Le paragraphe 1er de l'article 23 de la loi du 21 avril
1832, relatif à la contribution personnelle et mobilière, est ainsi
modifié :

« Dans le cas de déménagement furtif, les propriétaires et, à leur
place, les principaux locataires deviendront responsables des termes
échus de la contribution de leurs locataires, s'ils n'ont pas, dans les
huit jours, donné avis du déménagement au percepteur. »

— 1 —

DÉCRET

portant règlement d'administration publique
pour l'exécution de la loi du 12 avril 1906 sur les habitations
à bon marché.

(10 janvier 1907.)

ART. 59. — La demande d'exonération temporaire exigée par
l'article 9 de la loi (1) doit contenir la déclaration que la maison
qui en fait l'objet est destinée à être occupée par une personne peu
fortunée.

*Elle devra être appuyée, dans un délai qui ne pourra dépasser
quatre mois à dater de l'achèvement de la construction, du certificat de salubrité prévu par l'avant-dernier paragraphe de l'article 5
de la loi (2), ou de la justification d'un pourvoi formé devant le
Ministre du Travail et de la Prévoyance sociale dans les conditions
dudit paragraphe (3).*

ART. 60. — L'exemption comprend à la fois le principal de l'impôt
et les centimes additionnels de toute nature. Elle ne peut, dans
aucun cas, être étendue au sol des maisons, ni aux cours ou jardins
qui en dépendent.

ART. 62. — *En cas de modification des maxima de valeurs locatives, les propriétaires des maisons en cours de construction, lors
de la promulgation de la loi modifiant ces maxima, pourront demander l'application des nouvelles dispositions, à charge de faire,
dans les six mois de la promulgation, une déclaration dans les formes
prévues par l'article 9 de la loi du 12 avril 1906 (4) [5].*

....

(1) Actuellement, article 60 de la loi du 5 décembre 1922.
(2) Actuellement, article 3 de la loi du 5 décembre 1922.
(3) Alinéa ainsi modifié par l'article 8 du décret du 3 mai 1913.
(4) Actuellement, article 60 de la loi du 5 décembre 1922.
(5) Paragraphes ainsi modifiés par l'article 1er du décret du 5 août 1920.

*portant fixation du budget général des dépenses et des recettes
de l'exercice 1910.*

(8 avril 1910.)

Art. 96. — La section du contentieux du Conseil d'État se
compose d'un président et de neuf conseillers d'État en service
ordinaire. Elle est divisée en trois sous-sections. La section et ces
sous-sections dirigent l'instruction et préparent le rapport des
affaires qui doivent être jugées par l'assemblée publique du Conseil
d'État statuant au contentieux. La section, en audience publique,
peut juger les catégories d'affaires déterminées par le règlement
d'administration publique prévu ci-après.

Toutefois les recours pour excès de pouvoir ne pourront être
jugés que par l'assemblée du Conseil d'État statuant au contentieux.

Une section composée d'un président et de huit ou douze conseillers d'État en service ordinaire, pris dans la section de législation
et dans les sections administratives auxquelles ils continuent
d'appartenir.......... juge toutes les affaires d'élections et de Contributions directes ou taxes assimilées. Cette section prend le nom
de section spéciale du contentieux. Elle est divisée en deux ou trois
sous-sections qui ont les mêmes pouvoirs que la section elle-même.
Des commissaires adjoints du Gouvernement, désignés par décret
du Président de la République et choisis parmi les auditeurs de
1re classe, lui sont attachés. La section spéciale du contentieux
statue en audience publique sur les affaires dans lesquelles il y a
constitution d'avocat.

Le renvoi à l'assemblée publique du Conseil d'État statuant au
contentieux des affaires de toute nature portées devant la section
du contentieux, la section spéciale du contentieux ou leurs sous-
sections a lieu de droit quand il est demandé par le commissaire
du Gouvernement, par un des conseillers d'État de la section ou
de la sous-section à laquelle ces affaires sont soumises, par le président de la section ou par le vice-président du Conseil d'État.

— 2 —

Un règlement d'administration publique déterminera les mesures nécessaires à l'exécution des dispositions qui précèdent, notamment le délai de constitution d'avocat dans les affaires qui peuvent être introduites directement par les parties.

Sont abrogées les dispositions des lois antérieures contraires à celles du présent article (1).

(1) Dispositions modifiées par la loi du 1er mars 1928 (art. 1 à 3 et 5).

— I —

DÉCRET

relatif aux redevances fixe et proportionnelle
que les concessionnaires de mines sont tenus de payer à l'État.

(24 décembre 1910.)

TITRE III. — Des réclamations.

ART. 14. — Les demandes en décharge et réduction sont instruites comme en matière de contributions directes, sous les réserves ci-après.

ART. 15. — L'instruction des demandes est faite par l'Ingénieur des mines.

Lorsqu'une expertise est demandée, il y est procédé en présence et sous la direction de l'Ingénieur des mines; toutefois, le Contrôleur des Contributions directes demeure chargé d'adresser aux intéressés les notifications et convocations nécessaires; il assiste à l'expertise et dresse le procès-verbal des opérations.

ART. 16. — Les réclamations concernant la redevance proportionnelle établie sur le produit net évalué forfaitairement sont communiquées pour avis au Directeur de l'Enregistrement.

ART. 17. — Lorsqu'une société réclame devant le Conseil de préfecture contre la détermination forfaitaire du produit net servant de base à la redevance proportionnelle, en alléguant ou l'irrégularité de son assujettissement à la taxe sur le revenu des valeurs mobilières, ou l'exagération des sommes prises pour bases de cette taxe, elle doit, à l'appui de sa demande, justifier soit d'une décision administrative ou judiciaire statuant sur le règlement de ladite taxe, soit de l'introduction d'une instance relative au même objet.

Le cas échéant, le Conseil de préfecture ajourne sa décision jusqu'à ce qu'il ait été statué définitivement sur le règlement de la taxe sur le revenu des valeurs mobilières.

— 2 —

Art. 19. — Lorsqu'une société soutient que le produit net servant de base à la redevance proportionnelle a été déterminée à tort par voie d'évaluation administrative, sa réclamation doit être introduite devant le Conseil de préfecture dans le ressort duquel est située la commune où la société est assujettie aux redevances comportant le montant total le plus élevé.

La demande doit faire connaître la situation de toutes les mines possédées ou exploitées par la société, ainsi que le bureau de l'enregistrement où ont été effectuées les déclarations prescrites en vue du payement de la taxe sur le revenu des valeurs mobilières.

Si la demande est reconnue fondée, le Conseil de préfecture prononce, s'il y a lieu, le dégrèvement des sommes formant la différence entre l'ensemble des redevances imposées et celles qui sont réellement dues.

LOI

relative aux contributions directes et aux taxes y assimilées
de l'exercice 1912.

(18 juillet 1911.)

ART. 4. — L'article 3 de la loi du 21 juillet 1887 est remplacé par les dispositions suivantes :

« Les Directeurs des Contributions directes auront, en tout temps, la faculté d'inscrire d'office sur des états particuliers de dégrèvement les cotes ou portions de cotes qui seront reconnues former surtaxe. Les dégrèvements seront prononcés par les Directeurs eux-mêmes toutes les fois que le maire ou les répartiteurs auront exprimé un avis favorable à ces dégrèvements; dans le cas contraire, il sera statué par le Conseil de préfecture. »

ART. 5. — L'article 2 de la loi du 21 juillet 1887 est modifié de la manière suivante :

« Tout contribuable qui se croira imposé à tort ou surtaxé dans les rôles des contributions directes ou des taxes y assimilées dont l'assiette est confiée aux Contrôleurs des Contributions directes pourra en faire la déclaration à la mairie du lieu de l'imposition dans le mois qui suivra la *publication desdits rôles* (1).

« Cette déclaration sera reçue, sans frais ni formalités, sur un registre tenu à la mairie; elle sera signée par le réclamant ou son mandataire.

« Celles de ces déclarations que, après examen sommaire, le Contrôleur, d'accord avec le maire ou les répartiteurs, aura reconnues fondées, seront inscrites sur un état spécial. Le Directeur prononcera les dégrèvements qu'il estimera justifiés.

---

(1) Actuellement, mise en recouvrement du rôle (décret du 16 novembre 1926, art. 2).

« Les contribuables dont les déclarations n'auraient pas été portées par le Contrôleur ou maintenues par le Directeur sur l'état dont il s'agit en seront avisés et ils auront la faculté de présenter des demandes en dégrèvement dans les formes ordinaires, dans le délai d'un mois à partir de la date de la notification, sans préjudice des délais fixés par l'article 17 de la loi du 13 juillet 1903 (2). »

---

(2) L'article 17 de la loi du 13 juillet 1903 a été, au surplus, modifié par l'article 20 de la loi du 31 décembre 1921, en ce qui concerne la question des délais, et par les articles 10 à 16 de la loi du 27 décembre 1927, en ce qui a trait à la présentation des réclamations.

— I —

DÉCRET

modifiant le règlement d'administration publique du 10 janvier 1907, pour l'application de la loi du 12 avril 1906, sur les habitations à bon marché.

(3 mai 1913.)

———

ART. 8. — Le second alinéa de l'article 59 du décret du 10 janvier 1907 est modifié ainsi qu'il suit :

« Elle devra être appuyée, dans un délai qui ne pourra dépasser quatre mois à dater de l'achèvement de la construction, du certificat de salubrité prévu par l'avant-dernier paragraphe de l'article 5 de la loi, ou de la justification d'un pourvoi formé devant le Ministre du Travail et de la Prévoyance sociale dans les conditions dudit paragraphe. »

LOI

portant fixation des recettes et des dépenses de l'exercice 1913.

(30 juillet 1913.)

———

ART. 6. — A partir du 1ᵉʳ janvier 1913, il est établi une taxe annuelle sur les gardes particuliers commissionnés pour la surveillance de la chasse.

. . . .

L'assiette et le recouvrement de la taxe ainsi que la présentation, l'instruction et le jugement des réclamations ont lieu comme en matière de contributions directes. Toutefois, la taxe est payable en un seul versement dans le mois qui suit la *publication du rôle* (1).

. . . .

———

(1) Actuellement, mise en recouvrement (décret du 16 novembre 1926, art. 2).

LOI

concernant la contribution foncière des propriétés bâties et non bâties et l'impôt sur le revenu des valeurs mobilières françaises et étrangères.

(29 mars 1914.)

Art. 5. — Lorsqu'une propriété deviendra passible de la contribution foncière des propriétés non bâties, soit pour la première fois, soit après avoir cessé temporairement d'y être assujettie, notamment lorsqu'elle ne rentrera plus dans la catégorie des terrains visés aux articles 3 et 4 de la présente loi, il lui sera attribué une évaluation fixée d'après les tarifs arrêtés pour les propriétés de même nature existant dans la commune, ou, s'il n'en existe pas de telles, d'après un tarif établi par comparaison avec ceux qui sont appliqués aux autres propriétés.

Art. 15. — Tout propriétaire sera admis à contester la nature de culture et le classement assignés à ses propriétés non bâties dans le délai de six mois à partir de la *publication* (1) du premier rôle établi d'après les résultats de la nouvelle évaluation ou de trois mois à partir de la *publication* (1) du rôle suivant.

Art. 16. — Toute réclamation présentée en exécution des dispositions qui précèdent, alors même qu'elle ne concernerait qu'une ou plusieurs des parcelles cotisées dans un article du rôle, pourra donner lieu à la rectification de la nature de culture et du classement inexactement attribués à d'autres parcelles comprises dans le même article, sans toutefois qu'il puisse en résulter une augmentation de la cotisation inscrite à l'article dont il s'agit. A cet effet, des propositions, accompagnées de l'avis de la commission de classement prévue à l'article 8, seront, le cas échéant, soumises par l'administration au tribunal saisi du litige, qui statuera sur ces propositions en même temps que sur les conclusions du réclamant.

---

(1) Actuellement, mise en recouvrement (décret du 16 novembre 1926, art. 2).

ART. 17. — Le droit de réclamation des propriétaires s'exercera dans les conditions et délais fixés par les articles 15 et 16 ci-dessus à la suite de chacune des revisions auxquelles il sera procédé par application des articles 7, 13 et 14 de la présente loi. Il en sera de même lorsqu'une propriété aura été évaluée par application de l'article 5; mais, dans ce dernier cas, les dispositions de l'article 16 ne seront point applicables.

ART. 18. — Les propriétaires seront admis à demander un changement du classement de leurs propriétés quand celles-ci auront subi une dépréciation notable et durable par suite d'événements imprévus, indépendants de la volonté des intéressés et affectant le fonds même du terrain. Les réclamations produites à cet effet seront recevables dans les six mois de la *publication* (1) du rôle de l'année suivant celle au cours de laquelle se seront produits les événements y donnant lieu.

ART. 19. — En dehors des cas prévus aux articles 15 à 18 ci-dessus et de ceux qui, d'après la législation en vigueur, motivent une exemption temporaire d'impôt, aucune demande en décharge ou réduction de la contribution foncière des propriétés non bâties ne sera recevable, sauf dans le cas où une propriété cessera de faire partie de la matière imposable ou rentrera dans la catégorie des propriétés visées aux articles 3 et 4 de la présente loi.

ART. 20. — Les réclamations relatives à la contribution foncière des propriétés non bâties seront présentées, instruites et jugées selon les règles suivies en matière de contribution foncière des propriétés bâties.

---

(1) Actuellement, mise en recouvrement (décret du 16 novembre 1926, art. 2).

LOI

*relative au relevé des actes translatifs ou attributifs de propriété
immobilière pour le service des mutations cadasirales.*

(20 mai 1915.)

ARTICLE UNICLE. — En vue de la constatation des mutations
cadastrales et de leur application régulière dans les rôles de la
contribution foncière, les notaires sont tenus de déposer au bureau
de l'Enregistrement, au moment où ils soumettent la minute des
actes passés devant eux à la formalité de l'enregistrement, un
extrait sommaire de ceux de ces actes qui portent à un titre quelconque translation ou attribution de propriété immobilière.

La même obligation existe pour les greffiers en ce qui concerne
les actes judiciaires de la même nature que ceux visés au paragraphe précédent.

. . . .

— 1 —

DÉCRET

instituant des franchises postales et des taux spéciaux d'affranchissement pour les avis et communications concernant l'impôt général sur le revenu.

(28 janvier 1916.)

ART. 1er. — Sont admises à circuler en franchise par la poste sous enveloppe fermée, les correspondances de service concernant l'impôt général sur le revenu, échangées entre les fonctionnaires autorisés à correspondre en exemption de taxe.

ART. 2. — Les avertissements et avis envoyés sous enveloppe fermée aux contribuables par les percepteurs des Contributions directes, au sujet de l'impôt général sur le revenu, sont admis à circuler par la poste au tarif d'un centime jusqu'à 10 grammes et. au-dessus de ce poids, au tarif ordinaire prévu pour les imprimés sous bande.

ART. 3. — Les avis et communications concernant l'impôt général sur le revenu, adressés aux contribuables par les Directeurs, les Inspecteurs et les Contrôleurs des Contributions directes, sont transmis sous enveloppes fermées, d'un modèle spécial, fournies par l'Administration des Finances.

Ces envois sont passibles, jusqu'à 50 grammes, d'une taxe d'un centime qui est majorée de dix centimes pour les plis recommandés avec avis de réception.

Ces taxes sont représentées sur les enveloppes du modèle réglementaire par l'empreinte du timbre « Imprimés P P » (port payé), apposé dans chaque département par les soins de la recette principale des postes du chef-lieu. Leur montant est remboursé à l'Administration des Postes par celle des Contributions directes (1).

---

(1) Alinéa ainsi modifié par l'article 1er du décret du 5 octobre 1917.

— 2 —

ART. 4. — *Tous les plis envoyés en franchise ou à tarif réduit en vertu des articles précédents doivent porter extérieurement, d'une manière très apparente et du côté de la suscription, la mention « Contributions directes », la date de la loi par application de laquelle est concédée la circulation en franchise ou à tarif réduit, ainsi que le contreseing du fonctionnaire expéditeur* (2).

---

(2) Article modifié par l'article 1er du décret du 11 août 1916.

— J —

DÉCRET

modifiant le décret du 28 janvier 1916 instituant des franchises et des taux spéciaux d'affranchissement pour les avis et communications concernant l'impôt sur le revenu.............

(11 août 1916.)

ART. 1er. — Le texte de l'article 4 du décret du 28 janvier 1916 est remplacé par le suivant :

« Tous les plis envoyés en franchise ou à tarif réduit en vertu des articles précédents doivent porter extérieurement, d'une manière très apparente et du côté de la suscription, la mention « Contributions directes », la date de la loi par application de laquelle est concédée la circulation en franchise ou à tarif réduit, ainsi que le contreseing du fonctionnaire expéditeur. »

LOI

*portant suppression des contributions personnelle-mobilière........
et des patentes et établissement d'un impôt sur diverses catégories de revenus.*

(31 juillet 1917.)

. . . .

ART. 45. — Le montant des dégrèvements prononcés à titre de
décharge ou réduction sur les impositions additionnelles aux contributions personnelle-mobilière, ... sera avancé par l'État et
réimposé à son profit dans les rôles ultérieurs.

Les dégrèvements prononcés à titre de remise ou modération sur
les mêmes impositions, ainsi que les dégrèvements de toute nature
portant sur les impositions additionnelles à la contributions des
patentes seront définitivement supportées par l'État qui, pour faire
face à cette dépense, ainsi qu'aux frais d'assiette des impositions
départementales et communales, percevra des centimes additionnels calculés sur le montant de ces impositions et dont le nombre
sera fixé annuellement par la loi de finances. Cette loi fixera également le nombre des centimes à ajouter au montant des impositions communales pour couvrir les frais de perception desdites
impositions.

DÉCRET

portant modification du décret du 28 janvier 1916, instituant des franchises postales et des taux spéciaux d'affranchissement pour les avis et communications concernant l'impôt général sur le revenu.

(5 octobre 1917.)

ART. 1er. — Le dernier alinéa de l'article 3 du décret du 28 janvier 1916 est remplacé par le texte suivant :

« Ces taxes sont représentées, sur les enveloppes du modèle réglementaire, par l'empreinte du timbre « Imprimés P. P. » (port payé) apposé dans chaque département par les soins de la recette principale des postes du chef-lieu. Leur montant est remboursé à l'Administration des Postes par celle des Contributions directes. »

LOI

relative au régime transitoire de l'Alsace et de la Lorraine.

(17 octobre 1919.)

ART. 2. — Les circonscriptions administratives existant actuellement dans lesdits territoires sont provisoirement maintenues. Toutefois, les districts de Basse-Alsace, de Haute-Alsace et de Lorraine redeviennent respectivement les départements du Bas-Rhin, du Haut-Rhin et de la Moselle. Les cercles reprennent le nom d'arrondissement.

ART. 3. — Les territoires d'Alsace et de Lorraine continuent, jusqu'à ce qu'il ait été procédé à l'introduction des lois françaises, à être régis par les dispositions législatives et réglementaires qui y sont actuellement en vigueur.

Les gouverneurs militaires de Strasbourg et de Metz exercent, sous l'autorité du Commissaire général de la République, les commandements des territoires d'Alsace et de Lorraine et les attributions territoriales dévolues par la loi du 5 janvier 1875 aux gouverneurs militaires de Paris et de Lyon.

ART. 4. — La législation française sera introduite dans lesdits territoires par des lois spéciales qui fixeront les modalités et délais de son application.

Toutefois, les dispositions de la législation française dont l'introduction présenterait un caractère d'urgence pourront être déclarées applicables par décret rendu sur la proposition du Président du Conseil et après rapport du Commissaire général de la République.

Ces décrets seront soumis à la ratification des Chambres dans le délai d'un mois.

ART. 6. — La perception des droits, produits et revenus est autorisée annuellement par la loi.

Les droits de douane sont établis et perçus selon les lois en vigueur sur l'ensemble du territoire.

A titre temporaire, et jusqu'à ce qu'une loi spéciale soit intervenue à cet effet, l'introduction du régime fiscal français, par voie de création, modification ou suppression d'impôts, taxes ou redevances de toute nature, pourra faire l'objet de décrets contresignés par le Président du Conseil et le Ministre des Finances et rendus sur le rapport du Commissaire général de la République, après avis du Conseil supérieur. Ces décrets seront soumis à la ratification des Chambres dans le délai d'un mois.

ART. 7. — La procédure prévue aux paragraphes 2 de l'article 4 et 3 de l'article 6 pourra être suivie en vue d'assurer l'application des lois et règlements locaux ou leur adaptation temporaire aux lois et institutions françaises.

. . . .

DÉCRET

*relatif au régime transitoire de la juridiction administrative
en Alsace et Lorraine.*

(26 novembre 1919.)

ARTICLE 1er. — Il est institué, pour les départements du Haut-Rhin, du Bas-Rhin et de la Moselle, un tribunal administratif siégeant à Strasbourg.

Le tribunal connaît, sous réserve de la disposition finale de l'article 3 ci-après, des réclamations et recours portés précédemment devant les conseils de district.

Sauf en ce qu'elles auraient de contraire au présent décret, les règles de procédure en vigueur devant les conseils de district demeurent applicables à l'introduction, à l'instruction et au jugement des instances devant le tribunal administratif.

Ses décisions sont exécutoires dans les mêmes conditions que celles des conseils de district.

ART. 2. — Les décisions du tribunal administratif peuvent être déférées au Conseil d'État par la voie de l'appel dans tous les cas où les conseils de district ne statuaient pas en dernier ressort, et par la voie du recours en annulation pour excès de pouvoir ou violation de la loi dans les autres cas.

A ces recours sont applicables les lois et règlements relatifs à l'introduction, à l'instruction et au jugement des affaires contentieuses devant le Conseil d'État.

. . . .

ART. 4. — Le tribunal administratif statue en matière de reddition de comptes de comptables dans les limites de la compétence des conseils de district.

Ses décisions ne peuvent être attaquées que devant le Conseil d'État, et seulement pour violation des formes ou de la loi dans

— 2 —

les conditions prévues par l'article 17 de la loi du 16 septembre 1807 relative à l'organisation de la Cour des Comptes.

Art. 5. — Le tribunal administratif statue en outre, sauf appel au Conseil d'État, sur les recours qui, d'après la législation locale, étaient directement portés devant le conseil impérial.

Art. 6. — Le tribunal administratif est composé de cinq membres dont un président.

Il y a auprès du tribunal un Commissaire du Gouvernement et un Secrétaire greffier.

Le Président, les membres, le Commissaire du Gouvernement et le Secrétaire greffier sont nommés par le Commissaire général de la République.

Art. 7. — Le tribunal peut être divisé en deux sections par arrêté du Commissaire général de la République.

Dans ce cas, le nombre de ses membres est porté à six. Le Commissaire général désigne parmi eux un vice-président et nomme un Commissaire-adjoint du Gouvernement.

Art. 8. — Les membres du tribunal administratif doivent siéger en nombre impair et au moins au nombre de trois.

Art. 9. — Nul ne peut être nommé membre du tribunal administratif, Commissaire ou Commissaire-adjoint du Gouvernement, s'il ne figure sur une liste d'aptitude établie par une commission qui sera constituée par le Commissaire général de la République.

Pourront seuls être portés sur cette liste les candidats qui seront âgés de 25 ans accomplis et qui en outre seront licenciés en droit ou gradués en droit local ou auront rempli pendant dix ans au moins des fonctions rétribuées dans l'ordre administratif ou judiciaire.

Les fonctions de membre du tribunal administratif et celles de Commissaire ou Commissaire-adjoint du Gouvernement sont incompatibles avec un autre emploi public et avec l'exercice d'une profession.

Art. 10. — Les recours pour excès de pouvoir contre les actes des autorités administratives seront portés devant le Conseil d'État statuant au contentieux, conformément à l'article 9 de la loi du 24 mai 1872.

— 3 —

ART. 11. — Les conflits d'attributions entre les autorités administratives et les tribunaux sont réglés conformément aux dispositions de la législation française.

ART. 12. — Les dispositions du présent décret sont applicables aux affaires qui étaient pendantes devant les conseils de district et le conseil impérial, supprimés.

— 1 —

DÉCRET

*concernant l'application, en Alsace et Lorraine, de la législation
française en matière de droit d'enregistrement et de taxes sur
les valeurs mobilières.*

(22 mars 1920.)

ART. 15. — Sont applicables en Alsace et Lorraine, à partir du
1ᵉʳ avril 1920, les dispositions des articles 38, 39, 40, 41 et 43 de la
loi du 31 juillet 1917, de l'article 17 de la loi du 31 décembre 1918,
ainsi que du décret du 20 décembre 1917 qui établissent un impôt
sur le revenu des créances, dépôts et cautionnements.

LOI

portant création de nouvelles ressources fiscales.

(25 juin 1920.)

Art. 113. — L'impôt général sur le revenu et l'impôt sur les traitements et salaires seront étendus aux départements du Haut-Rhin, du Bas-Rhin et de la Moselle, pour l'exercice 1920, conformément à la présente loi et à la législation antérieure en la matière.

. . . .

Les impositions locales portant sur l'impôt sur les traitements et salaires, tel qu'il existe actuellement dans lesdits départements, continueront provisoirement à être établies et perçues conformément à la législation locale en vigueur.

— 1 —

DÉCRET

portant application dans les départements du Bas-Rhin, du Haut-Rhin et de la Moselle, de la législation française concernant l'impôt général sur le revenu et l'impôt sur les traitements, salaires, pensions et rentes viagères.

(26 juillet 1920.)

ART. 6. — La législation française relative à l'établissement et à la *publication des rôles* (1), ainsi qu'à la présentation, à l'instruction et au jugement des réclamations est applicable dans les départements du Bas-Rhin, du Haut-Rhin et de la Moselle à l'impôt général sur le revenu et à l'impôt sur les traitements, salaires, etc. (impôt d'État).

ART. 7. — Le Tribunal administratif institué en Alsace et Lorraine par le décret du 26 novembre 1919, sera provisoirement substitué aux Conseils de préfecture pour connaître, dans les limites de la compétence de ceux-ci, des réclamations dirigées contre les impôts visés au présent décret..........

---

(1) Actuellement, mise en recouvrement du rôle (décret du 16 novembre 1926, art. 2).

— 1 —

DÉCRET

*modifiant le décret réglementaire du 10 janvier 1907
rendu en exécution de la loi du 12 avril 1906.*

(5 août 1920.)

Art. 1er. — Les deux premiers alinéas de l'article 62 du décret
du 10 janvier 1907, modifié par l'article 9 du décret du 3 mai 1913,
sont remplacés par la disposition suivante :

« Art. 62. — En cas de modification des maxima de valeurs
locatives, les propriétaires des maisons en cours de construction,
lors de la promulgation de la loi modifiant ces maxima, pourront
demander l'application des nouvelles dispositions, à charge de
faire, dans les six mois de la promulgation, une déclaration dans
les formes prévues par *l'article 9 de la loi du 12 avril 1906* (1). »

---

(1) Actuellement, article 60 de la loi du 5 décembre 1922.

DÉCRET

portant application, dans les départements du Bas-Rhin, du Haut-Rhin et de la Moselle, d'un certain nombre de dispositions législatives se rattachant à la législation sur les habitations à bon marché et la petite propriété.

(12 mars 1921.)

ARTICLE 1er. — Sont rendues applicables aux départements du Bas-Rhin, du Haut-Rhin et de la Moselle, sous réserve des mesures transitoires envisagées aux articles 2 et 3 ci-après, la loi du 12 avril 1906, modifiant et complétant la loi du 30 novembre 1894 sur les habitations à bon marché, la loi du 10 avril 1908, modifiée par la loi du 8 avril 1910 et celle du 26 février 1912, relative à la petite propriété et aux maisons à bon marché, la loi du 26 décembre 1908, article 3, qui exempte de la taxe de mainmorte les cotisations des sociétés reconnues d'utilité publique qui se livrent à des opérations de construction et de vente d'habitations à bon marché; la loi du 23 décembre 1912, modifiant et complétant la loi du 12 avril 1906, sur les habitations à bon marché; la loi du 31 décembre 1918, article 18, qui exonère des impôts cédulaires les sociétés d'habitations à bon marché pour les bénéfices qu'elles réalisent; l'article 14 de la loi du 31 mars 1919 relatif à l'attribution de subventions aux communes et offices publics d'habitations à bon marché, aux fondations d'habitations à bon marché, aux hospices et hôpitaux et aux caisses d'épargne; la loi du 24 octobre 1919 modifiant et complétant les lois des 12 avril 1906 et 23 décembre 1912 sur les habitations à bon marché et la loi du 10 avril 1908 relative à la petite propriété et aux maisons à bon marché; la loi du 29 octobre 1919, tendant à faciliter le fonctionnement des offices publics d'habitation à bon marché et des sociétés d'habitations à bon marché dans les régions dévastées; la loi du 31 juillet 1920, article 21, qui exempte du droit proportionnel de mutation et assujettit au seul droit fixe de 6 francs les actes constatant l'attribution d'actif net faite à des sociétés similaires par les sociétés d'habitations à bon marché et les sociétés de crédit immobilier arrivées à expiration ou dissoutes par anticipation; l'article 128 de la loi du 31 juillet 1920, relatif au maxima de valeur locative des habitations à bon marché.

Sont également rendus applicables les règlements d'administration publique pris en exécution des lois qui précèdent.

ART. 2. — A titre temporaire, les attributions conférées au juge de paix par les lois susvisées et notamment par l'article 8 de la loi du 12 avril 1906, seront exercées dans les départements du Haut-Rhin, du Bas-Rhin et de la Moselle par le juge de bailliage.

ART. 3. — Par dérogation aux dispositions de l'article 9 de la loi du 12 avril 1906, les propriétaires d'habitations à bon marché devront, pour obtenir le bénéfice d'exonération prévu à l'article 9 susvisé, au lieu de souscrire une déclaration à la mairie, adresser sous pli recommandé une demande au directeur des contributions directes, dans le délai réglementaire.

Pour obtenir le bénéfice du payement fractionné des droits de mutation, prévu par l'article 10 de la loi du 12 avril 1906 le certificat d'exemption d'impôt foncier sera remplacé, pour les constructions achevées antérieurement à la promulgation du présent décret, par une attestation fournie par l'Administration des Contributions directes et constatant que la Société qui a vendu l'immeuble avait droit, pour cet immeuble, à l'exonération de l'impôt de mainmorte.

La loi du 12 avril 1906 ne recevra son application, en ce qui concerne les immunités prévues à l'article 9, qu'à l'égard des constructions terminées après la date de promulgation du présent décret.

Pour l'application de l'article 18 de la loi du 31 décembre 1918, l'impôt local sur les professions sera assimilé à l'impôt cédulaire français sur les bénéfices industriels et commerciaux.

Les immunités fiscales prévues par l'article 9 de la loi du 12 avril 1906 ne s'étendront ni aux impositions départementales et communales, perçues au titre de l'ancien impôt sur les capitaux ni à l'impôt de mainmorte correspondant.

ART. 4. — A titre transitoire, et sous réserve des dispositions de l'article 3 du présent décret, les sociétés et fondations constituées avant le 1er janvier 1921 sous le régime de la loi locale, en vue de

— 3 —

l'acquisition, de là construction ou de l'assainissement des maisons
à bon marché, ou de l'acquisition de petites propriétés, pourront bénéficier des avantages de la législation sur les habitations à bon
marché, si elles justifient remplir les conditions fixées au 1° et 2°
de l'article 10 du décret du 10 janvier 1907.

ART. 5. — Des arrêtés spéciaux du Commissaire général de la
République détermineront les conditions d'application du présent
décret.

. . . .

— 1 —

DÉCRET

fixant le tarif des frais et dépens devant les Conseils de préfecture.

28 mars 1921.)

ARTICLE 1er. — Il est alloué, pour la copie des requêtes, mémoires et pièces y annexées, par rôle de vingt-cinq lignes à la page et de quinze syllabes à la ligne, compensation faite entre les lignes et d'une feuille à l'autre, 65 centimes.

ART. 2. — Les rémunérations auxquelles les experts ont droit leur sont allouées à titre et sous la forme d'honoraires, sans préjudice du remboursement des frais et débours.

Dans les honoraires sont comprises toutes sommes allouées pour prestation de serment, étude du dossier, frais de mise au net du rapport, dépôt du rapport et, d'une manière générale, pour tout travail personnellement fourni par l'expert et pour toute démarche faite par lui en vue de l'accomplissement de sa mission.

Les honoraires sont taxés par le président qui tient compte des difficultés des opérations et de l'importance, de l'utilité et de la nature du travail fourni.

ART. 3. — Les débours et frais divers, tels que le papier timbré, l'enregistrement, le port des lettres et des paquets, les frais de copie ou de dactylographie et le coût de tous travaux et opérations indispensables à l'accomplissement de la mission de l'expert font l'objet d'un état présenté au président. Celui-ci rejette les débours et les frais qui ne sont pas dûment justifiés ; il réduit le montant de ceux qui lui paraissent excessifs.

Dans le cas où l'expert reçoit l'une des allocations prévues à l'article 5 ci-dessous pour rédaction de devis, direction de travaux et vérification ou règlement de mémoires, il ne peut lui être alloué, en raison des mêmes travaux, aucune somme pour frais de copie ou de dactylographie, ni pour s'être fait aider par des dessinateurs, toiseurs ou porte-chaînes.

ART. 4. — Sur la demande des experts, et si la durée ou l'importance de leurs opérations paraît le comporter, le Conseil de préfecture peut autoriser le président à accorder une allocation provisionnelle, à valoir sur le montant des honoraires ou sur le montant des débours devant être ultérieurement taxés.

ART. 5. — Si l'expert est appelé, soit à dresser un devis détaillé, soit à diriger des travaux, soit à procéder à la vérification et au règlement de mémoires d'entrepreneurs, il lui est alloué :

1° Pour rédaction de devis : 1 1/2 p. 100;
2° Pour direction de travaux : 1 1/2 p. 100;
3° Pour vérification et règlement : 2 p. 100.

S'il y a plusieurs experts, cette allocation est répartie entre eux ou attribuée à l'un d'eux suivant que le travail a été fait en commun ou par un seul.

ART. 6. — Lorsque l'expert s'est déplacé au delà de dix kilomètres de sa résidence, il lui est alloué pour frais de voyage, par kilomètre parcouru tant à l'aller qu'au retour, 20 centimes si le transport a été effectué par voie ferrée et 60 centimes si le transport à eu lieu autrement.

La première de ces taxes sera applicable de droit quand le parcours sera desservi par une voie ferrée.

En matière fiscale, le parcours effectué en dehors des limites du département n'entrera pas en compte.

Lorsque l'expert bénéficie d'un transport gratuit ou réduit, à raison de sa fonction ou de son emploi, son indemnité de frais de voyage est diminuée du montant des avantages qui lui sont ainsi concédés.

En outre des frais de voyage, il est alloué à l'expert 10 francs par chaque demi-journée de déplacement.

ART. 7. — Lorsque l'expert est appelé à comparaître devant le Conseil de préfecture, par application de l'article 22 de la loi du 22 juillet 1889, le président apprécie s'il doit lui être alloué des honoraires spéciaux pour cette comparution. Mais l'expert a droit, le cas échéant, aux frais de voyage et de séjour taxés conformément à l'article précédent.

L'expert a également droit à des honoraires et, le cas échéant, à des frais de voyage et de séjour dans le cas où il est nommé pour procéder en présence d'un membre du Conseil de préfecture, désigné à cet effet, à une vérification d'écritures.

ART. 8. — L'expert ne peut, en aucun cas et sous quelque prétexte que ce soit, réclamer aux parties ou à l'une d'entre elles, une somme quelconque en sus des allocations provisionnelles prévues à l'article 4, des honoraires, des débours et des frais de voyage et de séjour régulièrement taxés.

ART. 9. — Lorsque le Conseil de préfecture se transportera tout entier ou que l'un ou plusieurs de ses membres se transporteront sur les lieux, chaque conseiller aura droit à des frais de transport calculés comme à l'article 6 et en outre, si le transport a lieu à une distance d'un myriamètre au moins, à une indemnité de 10 francs par demi-journée. Le secrétaire-greffier a droit aux mêmes frais de transport et à la même indemnité.

ART. 10. — Les témoins entendus dans une enquête pourront requérir la taxe. Il leur sera alloué pour frais de transport, pour indemnité de comparution, les mêmes allocations que celles qui sont prévues en faveur des témoins par les dispositions réglementaires en vigueur au sujet de la taxe des témoins en matière civile.

ART. 11. — Les dépositaires de pièces appelés à les représenter devant le Conseil de préfecture reçoivent les mêmes allocations que celles qui sont prévues par les dispositions réglementaires en vigueur en faveur des dépositaires de pièces appelés à les représenter devant les tribunaux civils de première instance.

ART. 12. — Dans tous les cas où il y a lieu à signification par exploit d'huissier, soit d'une décision du Conseil de préfecture, soit d'une décision du président taxant les frais d'expertise ou les dépens, l'huissier a droit aux émoluments qui lui sont attribués par le tarif en vigueur devant les tribunaux civils de première instance.

ART. 13. — Le décret susvisé du 18 janvier 1890 est abrogé.

LOI

portant fixation du budget général de l'exercice 1922.

(31 décembre 1921.)

ART. 16. — L'article 4 de la loi de finances du 31 décembre 1907 est abrogé et remplacé par les dispositions suivantes :

. . . .

« Lorsque le vérificateur (des poids et mesures) constate, au cours de la tournée ordinaire de vérification périodique, que l'assujetti est porté au rôle pour une taxe supérieure à celle qui correspond au matériel possédé, il inscrit la cote ou partie de cote en excédent sur un état de dégrèvement ; . . . . »

. . . .

ART. 20. — Le délai de trois mois fixé pour les réclamations par l'article 28 de la loi du 21 avril 1832 et l'article 8 de la loi du 4 août 1844 part du premier jour du mois qui suit la *publication du rôle* (1).

---

(1) Actuellement, mise en recouvrement du rôle (décret du 10 novembre 1926, art. 2).

DÉCRET

*modifiant les règles relatives à la prescription et à l'exercice
du privilège du Trésor en matière de contributions directes.*

(12 juillet 1922.)

ART. 2. — L'article 149 de la loi du 3 frimaire an VII est remplacé
par les dispositions suivantes :

« Les percepteurs qui n'auraient fait aucune poursuite contre un
contribuable retardataire pendant quatre années consécutives à
partir du jour de la *publication du rôle* (1) perdront leur recours
et seront déchus de tous droits et de toute action contre ce redevable. »

ART. 3. — L'article 1ᵉʳ de la loi du 12 novembre 1808 est complété ainsi qu'il suit :

« La période de deux ans constituée par l'année échue et l'année
courante est comptée dans tous les cas à dater du jour de la
publication du rôle (1).

---

(1) Actuellement, mise en recouvrement du rôle (décret du 16 novembre 1926, art. 2).

— 1 —

DÉCRET

*ayant pour objet de modifier l'article 324 du décret du 31 mai 1862
portant règlement général sur la Comptabilité publique.*

RAPPORT

AU PRÉSIDENT DE LA RÉPUBLIQUE.

Monsieur le Président,

En vertu des dispositions de l'article 324 du décret du 31 mai 1862
portant règlement général sur la Comptabilité publique, les Trésoriers généraux et Receveurs des Finances sont tenus de verser au
Trésor, le 30 novembre de chaque année, les sommes qui n'ont pas
été recouvrées sur rôles de contributions directes, taxes et produits
assimilés ainsi que sur frais de poursuites de l'exercice précédent.

Les dispositions de l'article 324 précité ont été modifiées par un
décret du 16 février 1921 en ce qui concerne l'impôt général sur le
revenu et les impôts cédulaires. Aux termes de ce dernier décret,
l'avance à faire par les comptables supérieurs des restes à recouvrer
sur rôles de l'impôt général et des impôts sur les revenus est reportée
pour les rôles de 1921 et des exercices suivants au 30 novembre de
la seconde année suivant celle dont l'exercice a pris le nom.

La modification apportée à l'article 324 du décret du 31 mai 1862
a été motivée par ce fait que l'émission des rôles des impôts sur
les revenus ne peut, en raison des délais accordés aux contribuables
pour effectuer leurs déclarations, avoir lieu avant le commencement
du deuxième semestre de chaque année. Il résulte de cette circon-
stance qu'entre la *publication des rôles* (1) et l'expiration du délai
assigné par le décret du 31 mai 1862 aux comptables supérieurs,
pour faire l'avance des restes de leurs deniers personnels, les per-

---

(1) Actuellement, mise en recouvrement des rôles (décret du 16 novembre 1926, art. 2).

— 2 —

contraindre au payement tous les retardataires et recueillir les
éléments nécessaires en vue de justifier l'irrécouvrabilité de cotes
cepteurs n'auraient pas disposé d'un temps matériel suffisant pour
assises au nom de débiteurs devenus insolvables ou ayant disparu
de leur domicile.

La mesure prise par le décret du 16 février 1921 avait été limitée
aux restes à recouvrer sur rôles de l'impôt général sur le revenu
et des impôts cédulaires en raison surtout de ce qu'il avait semblé
permis d'espérer que les rôles des contributions directes et taxes
assimilées pourraient être émis dans l'avenir au cours du premier
trimestre.

Ces prévisions n'ont pas été justifiées en 1921 et il paraît dou-
teux que, tout au moins avant un certain nombre d'années, l'émission des rôles de contributions directes et de taxes assimilées puisse
avoir lieu assez tôt pour que les comptables absorbés d'ailleurs par
d'autres tâches aient pu obtenir dans le recouvrement, dès le
28 février de l'année suivant celle de l'émission des rôles, des résultats suffisants pour leur permettre de formuler des propositions
tendant à l'admission en non-valeurs des cotes irrécouvrables.

Il serait donc nécessaire de prendre chaque année par décret une
mesure semblable à celle qui a fait l'objet d'un décret du 7 février
1922 relatif aux contributions directes et taxes assimilées de 1921.

Mieux vaut soumettre définitivement à un même régime, au point
de vue du solde des rôles, tous les impôts directs quels qu'ils
soient.

D'autre part, la loi du 12 juillet 1922 ayant porté à quatre années
à partir de la *publication des rôles* (1) les délais de déchéance qui
précédemment ne dépassaient pas trois ans, il y aurait avantage à
prolonger les délais à l'expiration desquels doit être mise en jeu
de façon particulièrement effective une responsabilité que l'augmentation des sacrifices demandés aux contribuables au titre de l'impôt
direct a rendu incontestablement lourde.

Il importe en effet de donner aux comptables des délais beaucoup
plus larges que par le passé non seulement pour user à l'égard
des contribuables récalcitrants de tous les moyens de coercition
prévus par la loi, mais aussi pour prendre administrativement
toutes mesures susceptibles de justifier des diligences faites et
d'éviter que leur responsabilité soit effectivement mise en jeu.

---

(1) Actuellement, mise en recouvrement des rôles (décret du 16 novembre 1926, art. 2).

— 3 —

J'ai l'honneur de vous proposer en conséquence de vouloir bien décider que le délai imparti aux Trésoriers généraux et Receveurs des Finances pour faire de leurs deniers l'avance des restes à recouvrer sur tous les rôles émis au cours d'un exercice à l'exception des rôles de contribution extraordinaire sur les bénéfices de guerre s'étendra jusqu'au 1er novembre de la troisième année, suivant celle dont l'exercice aura pris le nom.

Tel est l'objet du présent décret que j'ai l'honneur de soumettre à votre haute approbation.

Je vous prie d'agréer, Monsieur le Président, l'assurance de mon profond respect.

DÉCRET DU 8 OCTOBRE 1922.

(Journal officiel du 9 octobre 1922.)

LE PRÉSIDENT DE LA RÉPUBLIQUE FRANÇAISE,

Vu le rapport du Ministre des Finances,

Vu l'ordonnance du 6 décembre 1832, article 14 ;

Vu le décret du 31 mai 1862, article 324 ;

Vu le décret du 16 février 1921,

DÉCRÈTE :

ARTICLE PREMIER. — Les Trésoriers-Payeurs généraux et Receveurs particuliers des finances sont tenus de verser au Trésor de leurs deniers personnels les sommes qui n'auraient pas été recouvrées sur les rôles de contributions directes.

Ce versement doit avoir lieu le 1er novembre de la troisième année suivant celle dont aura pris nom l'exercice au titre duquel les rôles ont été émis.

— 1 —

LOI

portant codification des lois sur les habitations à bon marché
et la petite propriété.

(5 décembre 1922.)

ARTICLE PREMIER. — Les présentes dispositions ont pour objet d'encourager la construction de maisons salubres et à bon marché en faveur des personnes peu fortunées et notamment des travailleurs vivant principalement de leur salaire.

ART. 2. — Les avantages concédés par la présente loi s'appliquent aux maisons destinées à l'habitation collective lorsque la valeur locative de chaque logement ne dépasse pas les maxima déterminés ci-après :

DÉSIGNATION.	LOGEMENTS COMPRENANT 3 pièces habitables ou plus de 9 mètres superficiels au moins avec cuisine et W.C. et ayant une superficie totale d'habitation entre les murs et cloisons d'au moins 45 mètres carrés,	LOGEMENTS COMPRENANT 2 pièces habitables de 9 mètres superficiels au moins avec cuisine et W.C. et ayant une superficie totale d'habitation entre les murs et cloisons d'au moins 35 mètres carrés.	LOGEMENTS COMPRENANT 1 pièce destinée à l'habitation de 9 mètres superficiels au moins et cuisine et ayant une superficie totale d'habitation entre les murs et cloisons d'au moins 25 mètres carrés avec ou sans W. C.	LOGEMENTS COMPRENANT 1 chambre isolée de 9 mètres superficiels au moins et ayant une superficie totale d'habitation entre les murs et cloisons d'au moins 15 mètres carrés avec ou sans W. C.
	1	2	3	4
1° Immeubles non situés dans la ville de Paris ou sa banlieue telle qu'elle est définie au 2°......................	1.092	873	655	380
2° Immeubles situés dans la ville de Paris et banlieue de la ville de Paris dans un rayon de 30 kilomètres à compter du point de départ du kilométrage des routes nationales..............	1.310	1.092	764	436

— 2 —

Les chiffres de la colonne 1 seront augmentés d'un cinquième par pièce supplémentaire de 9 mètres superficiels au moins, à la condition que le logement de quatre pièces habitables soit attribué à une famille comprenant, au moment de l'entrée en jouissance, six personnes au moins, dont quatre enfants ou pupilles de la nation, âgés de moins de seize ans. Les logements comportant un nombre de pièces supérieur à quatre ne pourront être attribués qu'aux familles comprenant, par pièce supplémentaire, un nombre de personnes supérieur de deux au minimum ci-dessus (1).

Le bénéfice des présentes dispositions est acquis par cela seul que la destination principale de l'immeuble est d'être affecté à des habitations à bon marché. Toutefois, les exonérations d'impôts accordées par l'article 60 ne s'appliqueront qu'aux parties de l'immeuble réellement occupées par les logements à bon marché.

Bénéficieront également des avantages de la loi les maisons individuelles dont la valeur locative ne dépassera pas de plus d'un cinquième le chiffre déterminé ci-dessus. Seront considérés comme dépendances de la maison pour l'application des présentes dispositions, sauf en ce qui concerne l'exemption temporaire d'impôt foncier, les jardins d'une superficie de 10 ares, au plus, attenant ou non attenant aux constructions et possédés dans la même localité par les mêmes propriétaires.

Pour l'application des présentes dispositions, la valeur locative des logements sera déterminée par le prix du loyer porté dans les baux, augmenté, le cas échéant, du montant des charges autres que celles de salubrité (eaux, vidanges, etc.) et d'assurance contre l'incendie ou sur la vie. La valeur locative des maisons individuelles sera fixée à 4 p. 100 du prix réel de revient de l'immeuble.

Dans ce prix de revient, la valeur du terrain ne sera comprise que pour la portion afférente à la surface couverte ou entourée par la construction. Le prix des canalisations pour amenée d'eaux et pour évacuation des vidanges et eaux usées jusqu'à leur entrée dans la maison ne sera pas compris dans l'évaluation de son prix de revient. Il en sera de même du prix des appareils d'épuration des vidanges et des eaux usées. Les propriétaires devront justifier de l'exactitude des bases d'évaluation par la production de tous documents utiles (contrats, devis, mémoires, etc.). A défaut de justifications ou en cas de justifications insuffisantes, la valeur

---

(1) Le présent alinéa et le tableau qui le précède ont été modifiés comme ci-dessus par l'article 321 de la loi du 13 juillet 1925, qui a été lui-même complété par la loi du 30 décembre 1928 (art. 122).

— 3 —

locative sera déterminée suivant les règles prévues par l'article 12,
§ 3, de la loi du 15 juillet 1880.

Les maisons destinées à l'habitation collective qui sont affectées
à des locations meublées, au mois, à la semaine ou à la journée, ne
bénéficient des avantages des présentes dispositions que si elles
sont exploitées en location par des sociétés d'habitations à bon
marché approuvées et si les prix de location mensuelle, hebdoma-
daire ou quotidienne, y compris la jouissance des services généraux (cuisines, restaurants, salles de réunions, etc.) n'excèdent pas
le douzième, le cinquante-deuxième ou le trois cent soixantième
des valeurs locatives maxima respectivement spécifiées à la deuxième ou à la troisième colonne du tableau ci-dessus, suivant que
le logement se compose de deux chambres ou d'une chambre. Ces
prix doivent toujours rester affichés dans les locaux en location.

Art. 3. — Les comités de patronage prévus à l'article 75 certi-
fieront la salubrité des maisons et logements qui doivent bénéficier
des avantages des présentes dispositions. S'ils refusent ce certificat ou s'ils négligent de le délivrer dans les trois mois de la
demande qui leur en sera faite, les intéressés pourront se pourvoir
devant le Ministre de l'Hygiène, de l'Assistance et de la Prévoyance
sociales qui statuera, après avis du Préfet et du Comité perma-
nent du Conseil supérieur des habitations à bon marché. Ils pourront soumettre à l'approbation du Ministre de l'Hygiène, de l'Assistance et de la Prévoyance sociales des règlements indiquant les conditions que devront remplir les constructions pour être agréées.

Tant que les maisons et logements bénéficient des avantages des
présentes dispositions, les comités de patronage ont le droit de
s'assurer que les conditions de salubrité subsistent. Si les maisons
ou logements cessent d'être salubres par suite de modifications dans
les aménagements, le comité de patronage peut retirer le certificat
de salubrité. Sa décision motivée est notifiée au propriétaire qui
a un délai d'un mois pour se pourvoir devant le Ministre de
l'Hygiène, de l'Assistance et de la Prévoyance sociales.

Art. 60. — Sont affranchies de la contribution foncière.......
les maisons individuelles ou collectives destinées à être louées ou
vendues et celles construites par les intéressés eux-mêmes, pourvu
qu'elles remplissent les conditions prévues par les articles 2 et 3.
Cette exemption sera d'une durée de douze années à compter de
l'achèvement de la maison.

— 4 —

Elle cesserait de plein droit dans l'un des cas suivants :

1° Si, par suite de transformations ou d'agrandissements, l'immeuble perdait le caractère d'une habitation à bon marché et acquérait une valeur sensiblement supérieure au maximum légal;

2° Si le taux des loyers dépassait les maxima fixés à l'article 2;

3° En cas de retrait du certificat de salubrité ou de refus du propriétaire de se soumettre aux vérifications annuelles du comité de patronage en ce qui concerne le maintien des conditions de salubrité.

Pour être admis à jouir du bénéfice des présentes dispositions, on devra produire, dans les formes et les délais fixés par l'article 9, § 3, de la loi du 8 août 1890, une demande qui sera instruite et jugée comme les réclamations pour décharge et réduction de contributions directes. Cette demande pourra être formulée dans la déclaration exigée par le même article de ladite loi de tout propriétaire ayant l'intention d'élever une construction passible de l'impôt foncier (1).

. . . .

Art. 87. — Sont abrogés. . . . .

. . . .

Sont toutefois maintenus, jusqu'à ce qu'ils aient été modifiés, s'il y a lieu, par des règlements d'administration publique nouveaux, les règlements d'administration publique qui se trouvent en vigueur en vertu des dispositions législatives reproduites dans les présentes dispositions.

---

(1) Aux termes de l'article 14 de la loi du 27 décembre 1927, les demandes d'exemption temporaire d'impôt prévues en faveur des habitations à bon marché continueront à être présentées dans les formes indiquées par l'article 60 de la loi du 5 décembre 1922, mais les dispositions des articles 11, 12 et 13 de ladite loi du 27 décembre 1927 leur sont applicables.

DÉCRET

portant application, dans les départements du Bas-Rhin, du Haut-Rhin et de la Moselle, des articles 18, 19 et 20 de la loi du 31 décembre 1921, relatifs aux conditions d'exigibilité de l'impôt direct, à la publication des rôles de contributions directes et au délai fixé pour les réclamations.

(21 décembre 1922.)

. . . .

ARTICLE PREMIER. — Sont déclarées applicables aux impôts directs établis en vertu des lois locales, dans les départements du Bas-Rhin, du Haut-Rhin et de la Moselle, les dispositions des articles 18, 19 et 20 de la loi du 31 décembre 1921 relatifs aux conditions d'exigibilité de l'impôt direct, à la publication des rôles et au délai fixé pour les réclamations.

modifiant l'organisation du Conseil d'État.

(1er mars 1923.)

— — —

TITRE Ier.

Organisation du Conseil d'État statuant au contentieux.

ARTICLE PREMIER. — Le Conseil d'État comprend **deux sections du** contentieux :

L'une qui est la section du contentieux et se compose d'un président et de douze conseillers d'État en service ordinaire;

L'autre qui conserve son nom de section spéciale du contentieux et dont l'organisation et les attributions demeurent fixées par **les** dispositions législatives actuellement en vigueur.

ART. 2. — La section du contentieux est juge des affaires **qui** relèvent de la juridiction contentieuse du Conseil d'État, à l'exception des affaires de contributions directes ou taxes assimilées **et** d'élections, qui continuent à être jugées par la section spéciale **du** contentieux.

Elle est divisée en quatre comités qui dirigent l'instruction et **préparent** le rapport des affaires. Chaque comité d'instruction est composé de trois conseillers, dont un est chargé par décret d'exercer **les** fonctions de président.

Elle se constitue en deux sous-sections pour le jugement **des** affaires. Chaque sous-section est composée de six conseillers et **présidée** par le président de la section.

A défaut du président pour présider la séance d'une des **deux** sous-sections, un des présidents des comités d'instruction appartenant à l'autre sous-section est appelé à siéger ; la séance est alors présidée par le plus ancien des présidents des comités d'instruction.

ART. 3. — Les affaires sont réparties entre les deux sous-sections et entre les quatre comités d'instruction, suivant les règles établies par le règlement d'administration publique prévu à l'article 10.

Toutefois, le jugement d'une affaire est renvoyé soit à la section, soit à l'assemblée publique du contentieux, lorsque le renvoi est demandé soit par le vice-président du Conseil d'État, soit par le président de la section du contentieux, soit par décision de la sous-section ou du comité d'instruction, soit par le commissaire du Gouvernement.

Art. 4. — L'assemblée publique du Conseil d'État statuant au contentieux se compose :

1° Du vice-président du Conseil d'État ;

2° Du président et des conseillers de la section du contentieux ;

3° De cinq conseillers d'État en service ordinaire, choisis dans la section de législation et dans les sections administratives et élus chaque année, en octobre, par le Conseil d'État réuni en assemblée générale.

A défaut du vice-président du Conseil d'État, la présidence de l'assemblée publique appartient au président de la section du contentieux, et, à son défaut, au plus ancien des présidents des comités d'instruction.

Art. 5. — L'assemblée publique du Conseil d'État, statuant au contentieux, ne peut juger valablement que si onze membres au moins, ayant voix délibérative, sont présents.

La section du contentieux et les sous-sections ne peuvent juger valablement que si sept membres au moins, ayant voix délibérative, dans la section et cinq dans les sous-sections sont présents.

L'assemblée publique, la section et les sous-sections ne peuvent délibérer qu'en nombre impair. Lorsque les membres présents à la séance sont en nombre pair, le plus ancien des maîtres des requêtes présents à la séance est appelé à siéger.

Dans le cas où, par suite de vacance, d'absence ou d'empêchement d'un ou plusieurs conseillers d'État, l'assemblée publique, la section et les sous-sections ne se trouvent pas en nombre pour délibérer, elles sont complétées par l'appel de conseillers d'État et, à leur défaut, de maîtres des requêtes pris dans l'ordre du tableau.

Des commissaires du Gouvernement et des commissaires adjoints, pris respectivement parmi les maîtres des requêtes et parmi les auditeurs, sont désignés par décret pour être attachés à la section du contentieux.

*portant: 1° ouverture et annulation de crédits sur l'exercice 1922,
au titre du budget général; 2° ouverture et annulation de crédits
sur l'exercice 1922, au titre du budget spécial des dépenses recou-
vrables en exécution des traités de paix.*

(30 mars 1923.)

ART. 19. — Les tarifs spéciaux prévus en faveur des avis et communications relatifs aux impôts sur le revenu et à la contribution
extraordinaire sur les bénéfices de guerre (loi du 31 juillet 1917,
art. 51; décret du 11 août 1916, art. 1er; décret du 28 janvier 1916,
art. 2 et 3) sont applicables aux avis adressés aux contribuables à
l'occasion de demandes de dégrèvement d'impôt présentées par eux.

portant introduction dans les départements du Bas-Rhin, du Haut-Rhin et de la Moselle: a. de diverses dispositions de la loi du 31 juillet 1917 concernant l'établissement des impôts cédulaires sur les revenus; b. de la législation française relative à la redevance sur les mines (Part de l'État).

(31 mars 1923.)

ARTICLE PREMIER. — Sont applicables dans les départements du **Bas-Rhin, du Haut-Rhin et de la Moselle, à** partir de l'exercice 1923, et dans les conditions fixées par la législation française les impôts cédulaires ci-après:

Impôts sur les bénéfices industriels et commerciaux et taxe spéciale sur le chiffre d'affaires.

Impôt sur les bénéfices de l'exploitation agricole.

Impôt sur les bénéfices des professions non commerciales.

Pour l'assiette de l'impôt sur les bénéfices des professions non commerciales, seront considérés comme titulaires de charges et offices, les contribuables qui rentreraient dans cette catégorie s'ils exerçaient leur profession dans les départements de l'intérieur, à l'exclusion, d'une part, des avocats, avoués, appelés à bénéficier du taux réduit afférent aux professions libérales proprement dites et, d'autre part, des greffiers qui, en qualité de fonctionnaires, restent soumis à l'impôt sur les traitements et salaires.

Cesseront d'être perçus, à partir du même exercice, le principal de l'impôt local sur les professions sédentaires et ambulantes, créé par la loi du 8 juin 1896, ainsi que les centimes additionnels calculés sur ce principal établis au profit du budget d'Alsace et de **L**orraine.

ART. 2. — Jusqu'à ce qu'il ait été procédé à une nouvelle évaluation des revenus des propriétés non bâties, la valeur locative à envisager dans l'évaluation des bénéfices de l'exploitation agricole est arbitrée aux cinq sixièmes du revenu net servant de base à l'impôt foncier.

Aɴᴛ. 3. — Jusqu'au vote d'une loi spéciale établissant des taxes nouvelles de remplacement, les impositions départementales et communales portant sur l'ancien impôt sur les professions, continueront provisoirement d'être établies et perçues conformément à la législation locale. Les personnes exerçant des professions ambulantes seront assujetties auxdites impositions, à raison d'un principal fictif calculé d'après le tarif applicable aux professions sédentaires.

En remplacement du prélèvement de 8 p. 100 antérieurement effectué au profit des communes sur le principal de l'impôt sur les professions, huit centimes portant sur le principal fictif de cette contribution seront, chaque année, ajoutés d'office aux impositions votées par les conseils municipaux en vertu des lois en vigueur.

D'autre part, le principal fictif de l'impôt local sur les professions continuera à servir de base au calcul des taxes pour frais de chambres de commerce.

Aɴᴛ. 4. — A partir de l'exercice 1923, les exploitations minières seront soumises pour la part de l'État, aux redevances fixe et proportionnelle telles qu'elles sont déterminées par la législation française et qui remplaceront, pour ladite part, les impositions spéciales aux mines fixées par les lois locales; les impositions départementales et communales applicables auxdites exploitations, y compris les centimes pour non-valeurs et frais de perception, continueront seules à être établies et perçues conformément aux dispositions locales en vigueur.

Quant aux mines de pétrole, seuls les bénéfices provenant de l'extraction seront soumis à la redevance proportionnelle; les bénéfices provenant de la préparation industrielle seront assujettis à l'impôt de 8 p. 100 sur les bénéfices commerciaux et industriels.

Aɴᴛ. 5. — A partir du 1ᵉʳ janvier 1923, le taux en principal de l'impôt foncier sera porté de 4 à 6,66 p. 100 du revenu net imposable, et celui de l'impôt sur les bâtiments de 3.50 à 7.50 p. 100 de la valeur d'usage.

Il ne sera plus perçu, au profit de l'État, à partir de la même date, de centimes additionnels au principal de l'impôt foncier et de l'impôt sur les bâtiments. La part de l'État dans ces impôts ne comportera, en sus du principal, que des centimes pour non-valeurs sur le montant des impositions départementales et communales et des centimes pour frais de perception des impositions communales.

Le principal de l'impôt foncier et le principal de l'impôt sur les bâtiments, à utiliser pour le calcul des centimes départementaux et communaux, continueront à être déterminés d'après les taux et suivant les règles actuellement en vigueur.

Art. 6. — Par modification des articles 2 et 4 de la loi du 14 juillet 1895, les logements de service situés dans les bâtiments non imposables seront, à partir de l'exercice 1923, exonérés du principal de l'impôt sur les bâtiments mais ils resteront soumis, comme précédemment, aux impositions départementales et communales.

Art. 7. — Sont également étendues aux départements du Bas-Rhin, du Haut-Rhin et de la Moselle, en ce qui concerne l'impôt foncier, l'impôt sur les bâtiments et l'impôt sur le revenu des capitaux mobiliers, les dispositions de l'article 42 de la loi du 31 juillet 1917, ainsi que les dispositions de l'article 52 de la même loi, modifié par l'article 5 de la loi du 25 juin 1920.

Art. 8. — La taxe de mainmorte instituée par la loi locale du 8 novembre 1909 sera calculée, à partir de 1923, à raison de 80 cent. 7 par franc du principal de l'impôt foncier et de 41 cent. 8 par franc du principal de l'impôt sur les bâtiments. Il ne sera plus ajouté de centimes additionnels au montant de cette taxe.

— 1 —

DÉCRET

fixant les conditions d'application de la loi du 31 mars 1923, portant introduction dans les départements du Haut-Rhin, du Bas-Rhin et de la Moselle de certaines dispositions de la législation française concernant divers impôts cédulaires et les redevances sur les mines.

(5 juin 1923.)

ART. 3. — La législation française relative à l'établissement et à la *publication des rôles* (1), ainsi qu'à la présentation, à l'instruction et au jugement des réclamations, est applicable, dans les départements du Haut-Rhin, du Bas-Rhin et de la Moselle, aux impôts qui y ont été introduits par la loi du 31 mars 1923.

ART. 4. — Le Tribunal administratif, institué en Alsace et Lorraine par le décret du 26 novembre 1919, sera provisoirement substitué aux Conseils de préfecture, pour connaître, dans la limite de la compétence de ceux-ci, des réclamations dirigées contre les nouveaux impôts cédulaires faisant l'objet de la loi du 31 mars 1923, ou en vue de l'application de cette loi.

---

(1) Actuellement, mise en recouvrement des rôles (décret du 10 novembre 1926, art. 2).

DÉCRET

déclarant applicables dans les départements du Bas-Rhin, du Haut-Rhin et de la Moselle, la législation et la réglementation françaises relatives à la taxe des prestations.

(3 août 1923.)

ARTICLE PREMIER. — Sont applicables dans les départements du Bas-Rhin, du Haut-Rhin et de la Moselle, à partir de l'exercice 1924, la législation française relative à la taxe des prestations pour chemins vicinaux et ruraux (à l'exclusion de la taxe vicinale), ainsi que la réglementation française concernant l'assiette et le recouvrement de la taxe, la confection des rôles, la présentation, l'instruction et le jugement des réclamations. Toutefois, les dispositions de la loi locale du 6 juin 1895, relatives au remplacement de la taxe des prestations par des centimes additionnels ordinaires restent provisoirement en vigueur.

ART. 2. — Le tribunal administratif, institué par le décret du 26 novembre 1919 et siégeant à Strasbourg, demeure provisoirement substitué aux conseils de préfecture, pour connaître, dans les limites de la compétence de ceux-ci, des réclamations dirigées contre la taxe des prestations.

— 1 —

DÉCRET

portant règlement d'administration publique pour l'exécution de l'article 96 de la loi du 8 avril 1910 et du titre Ier de la loi du 1er mars 1923, relatifs à l'organisation du Conseil d'État statuant au contentieux.

(4 août 1923.)

TITRE Ier.

De la section du contentieux.

ARTICLE PREMIER. — La section du contentieux est composée, indépendamment d'un président et de douze conseillers d'État en service ordinaire, de maîtres des requêtes et d'auditeurs de 1re et de 2e classe dont le nombre est déterminé par le décret portant règlement intérieur du Conseil d'État.

Chacune des deux sous-sections constituées pour le jugement des affaires comprend deux des quatre comités d'instruction; la répartition de ceux-ci entre les sous-sections est fixée par décret, après avis du vice-président du Conseil d'État délibérant avec les présidents de section; elle ne pourra être modifiée que dans les mêmes formes.

ART. 2. — Les affaires sont réparties entre les sous-sections, sauf jonction des pourvois connexes, en nombre égal et alternativement d'après l'ordre fixé par l'enregistrement.

Toutefois, avant toute répartition, le président de la section peut décider qu'une affaire sera jugée soit par l'assemblée publique du Conseil d'État statuant au contentieux, soit par la section du contentieux. Il désigne le comité chargé de l'instruction et nomme le rapporteur de cette affaire.

Les affaires attribuées à chaque sous-section sont réparties par le président de la section entre les comités d'instruction de cette sous-section.

Exceptionnellement, une affaire peut, dans l'intérêt du service, être transférée d'un comité d'instruction à un autre comité, même faisant partie de l'autre sous-section, par décision spéciale du président de la section, prise sur avis conforme des présidents des deux comités d'instruction intéressés.

Le renvoi d'une affaire devant la section pour instruction a lieu de droit s'il est demandé soit par le président de la section, soit par un comité d'instruction au cours de l'examen de cette affaire. Celle-ci est jugée par l'assemblée publique du Conseil d'État statuant au contentieux.

ART. 3. — Les affaires sont jugées sur le rapport de la section du contentieux ou d'un comité d'instruction, sauf les affaires de pensions et les affaires introduites par application de l'article 6 de la loi du 30 janvier 1923 sur les emplois réservés, lesquelles sont jugées sur le rapport d'un des membres de la section.

ART. 4. — La communication des recours aux parties intéressées et aux ministres, s'il y a lieu, les demandes de pièces, les mises en cause et tous les autres actes d'instruction sont délibérés, sur l'exposé du rapporteur, par la section du contentieux ou par les comités d'instruction, qui fixent les délais dans lesquels les réponses doivent être produites.

Le président de la section du contentieux et les présidents des comités d'instruction veillent respectivement à l'exécution des mesures d'instruction ordonnées par la section et par les comités, et signent la correspondance. Le rétablissement des dossiers et pièces communiqués pour les besoins de l'instruction ne peut être ordonné que par décision de la section.

En cas d'absence ou d'empêchement, le président de la section du contentieux est remplacé par celui des présidents des comités d'instruction qui est le plus ancien dans ces fonctions.

Le président de chaque comité d'instruction nomme les rapporteurs des affaires distribuées au comité.

En cas d'absence ou d'empêchement, il est remplacé par le premier conseiller inscrit sur le tableau.

ART. 5. — Les règles suivies devant la section du contentieux pour l'instruction des affaires sont applicables aux affaires soumises aux comités d'instruction, en tant qu'il n'y est pas dérogé par le présent règlement.

ART. 6. — Pour l'instruction des affaires ou la préparation des rapports, la section du contentieux ne peut délibérer que si sept

— 3 —

membres au moins, ayant voix délibérative, sont présents. Les comités d'instruction ne peuvent délibérer que si trois au moins de leurs membres, ayant voix délibérative, sont présents.

Dans le cas prévu au paragraphe précédent, la section du contentieux et les comités d'instruction peuvent délibérer en nombre pair. S'il y a partage, on appelle, conformément au paragraphe 2 de l'article 15 de la loi du 24 mai 1872, le plus ancien maître des requêtes présent à la séance.

Dans le cas où, par suite de vacance, d'absence ou d'empêchement d'un ou de plusieurs des conseillers d'État, la section ou les comités d'instruction ne se trouvent pas en nombre pour délibérer, ils sont complétés par l'appel de conseillers d'État ou, à leur défaut, de maîtres des requêtes pris dans l'ordre du tableau.

ART. 7. — Les rôles de chaque séance de l'assemblée publique du Conseil d'État statuant au contentieux, de la section du contentieux et des sous-sections sont préparés par les commissaires du Gouvernement chargés de porter la parole dans la séance ; ils sont arrêtés par le président de la section. Ces rôles, imprimés et contenant sur chaque affaire une notice sommaire rédigée par le rapporteur, sont distribués, quatre jours au moins avant la séance, à tous les conseillers d'État faisant partie de l'assemblée du conseil statuant au contentieux, ainsi qu'aux membres de la section du contentieux.

Ils sont également remis aux ministres qui ont pris des conclusions et aux avocats dont les affaires doivent être appelées.

ART. 8. — Dans le cas où, le président de la section du contentieux ne pouvant présider la séance d'une des deux sous-sections, les présidents des comités d'instruction appartenant à l'autre sous-section sont empêchés de siéger, il est fait appel à un conseiller d'État appartenant à cette autre sous-section, désigné dans les conditions prévues à l'article 28 du décret du 2 août 1879.

ART. 9. — Dans le cas où l'un des conseillers d'État, choisis dans la section de législation et dans les sections administratives pour faire partie de l'assemblée publique du Conseil d'État statuant au contentieux, se trouve, au cours de l'année judiciaire, dans l'impossibilité d'y continuer son service, le vice-président du Conseil d'État délibérant avec les présidents de section peut appeler le Conseil d'État réuni en assemblée générale à élire un autre conseiller d'État.

ART. 10. — Après le rapport devant l'assemblée publique du Conseil d'État statuant au contentieux, la section du contentieux ou les

— 4 —

sous-sections, les avocats des parties présentent leurs observations orales. Des conclusions sont données dans chaque affaire par l'un des maîtres des requêtes, commissaires du Gouvernement, ou par l'un des auditeurs, commissaires adjoints.

TITRE II.

De la section spéciale du contentieux.

Art. 11. — La section spéciale du contentieux est composée, indépendamment d'un président et de douze conseillers d'État, de maîtres des requêtes et d'auditeurs de première et de deuxième classe dont le nombre et les conditions d'affectation sont déterminés par le décret portant règlement intérieur du Conseil d'État.

La désignation du président de la section spéciale du contentieux est faite par décret du Président de la République, celle des conseillers et des maîtres des requêtes par arrêté du vice-président du Conseil d'État délibérant avec les présidents de section.

La section spéciale du contentieux est divisée en trois sous-sections qui ont les mêmes pouvoirs que la section elle-même et comprennent chacune quatre conseillers.

Un décret désigne les conseillers chargés de présider les sous-sections.

Le nombre des commissaires adjoints du Gouvernement est fixé à quatre.

Pour leur nomination, le vice-président du Conseil d'État et les présidents de section sont appelés à faire des présentations.

Art. 12. — La section et les sous-sections instruisent et jugent toutes les affaires d'élections et de contributions directes ou taxes assimilées.

Le président de la section désigne les affaires qui seront instruites et jugées par la section et nomme les rapporteurs de ces affaires.

Les autres affaires sont réparties entre les sous-sections, sauf jonction des pourvois connexes, en nombre égal et alternativement d'après l'ordre fixé par l'enregistrement.

Le renvoi de ces affaires devant la section a lieu de droit quand il est demandé par le commissaire adjoint du Gouvernement ou par un des conseillers d'État de la sous-section à laquelle ces affaires sont soumises.

Art. 13. — La section ne peut délibérer ou statuer que si cinq

— 5 —

conseillers au moins, y compris le président de la séance, sont présents.

Les sous-sections ne peuvent délibérer ou statuer que si trois conseillers au moins sont présents.

Lorsque, par suite de nominations à des fonctions publiques, en conformité de l'article 3 de la loi du 13 juillet 1879 et de l'article 8, § 1er, de la loi du 1er mars 1923, le nombre des conseillers d'État d'une des sous-sections est réduit à trois et que l'un de ces trois conseillers est momentanément absent, s'il est impossible de procéder dans les conditions prévues par l'article 28 du décret du 2 août 1879, le plus ancien des maîtres des requêtes présents à la séance est appelé à siéger à la place du conseiller empêché.

ART. 14. — Le président de la section spéciale du contentieux et les présidents des sous-sections veillent respectivement à l'exécution des mesures d'instruction ordonnées par la section et par les sous-sections et signent la correspondance. Le rétablissement des dossiers et pièces communiqués pour les besoins de l'instruction ne peut être ordonné que par décision de la section.

En cas d'absence ou d'empêchement, le président de la section est remplacé, dans ses fonctions de président de la section, par celui des présidents de sous-sections qui est le premier inscrit dans l'ordre du tableau.

Le président de chaque sous-section nomme les rapporteurs des affaires distribuées à la sous-section.

En cas d'absence ou d'empêchement, il est remplacé par le premier conseiller inscrit sur le tableau.

ART. 15. — Pour le jugement des affaires, la section spéciale du contentieux et ses sous-sections ne peuvent statuer qu'en nombre impair. Si les membres, ayant voix délibérative, qui les composent se trouvent en nombre pair, le plus ancien des maîtres des requêtes présents à la séance est appelé à siéger. Ce maître des requêtes, quand il y a lieu à l'application du paragraphe 3 de l'article 13 qui précède, est pris dans l'ordre du tableau, après celui qui siège en exécution de la disposition contenue dans ledit paragraphe.

Pour l'instruction des affaires ou la préparation des rapports, la section spéciale du contentieux et ses sous-sections peuvent délibérer en nombre pair. En cas de partage, on appelle, conformément au paragraphe 2 de l'article 15 de la loi du 24 mai 1872, le plus ancien des maîtres des requêtes présents à la séance.

Art. 16. — La section et les sous-sections délibèrent sur les communications à faire aux ministres et aux parties et fixent les délais dans lesquels les réponses doivent être produites.

Art. 17. — Le rôle des séances où les affaires doivent être jugées est préparé par le commissaire adjoint du Gouvernement chargé d'y porter la parole; il est arrêté respectivement par le président de la section et les présidents des sous-sections.

Lorsque la section spéciale du contentieux ou ses sous-sections statuent en audience publique, les questions posées par le rapport sont communiquées aux avocats quatre jours au moins avant la séance.

Le rôle de chaque séance publique de la section spéciale du contentieux ou de ses sous-sections est distribué à tous les conseillers d'État faisant partie de la section intéressée, aux maîtres des requêtes et aux auditeurs qui y sont attachés, ainsi qu'aux avocats dont les affaires doivent être appelées.

Art. 18. — Après le rapport, les avocats des parties présentent leurs observations orales. Des conclusions sont données dans chaque affaire par l'un des commissaires adjoints du Gouvernement.

Art. 19. — Le renvoi à l'assemblée publique du Conseil d'État statuant au contentieux des affaires de toute nature portées devant la section spéciale du contentieux ou ses sous-sections a lieu de droit quand il est demandé par le commissaire adjoint du Gouvernement, par un des conseillers d'État de la section ou de la sous-section à laquelle ces affaires sont soumises, par le président de la section ou par le vice-président du Conseil d'État.

Art. 20. — Les règles suivies devant la section du contentieux pour l'instruction et le jugement des affaires sont applicables aux affaires portées devant la section spéciale du contentieux et ses sous-sections ainsi qu'aux décisions rendues par elles en tant qu'il n'y est pas dérogé par le présent règlement.

Toutefois, il ne sera pas reçu de constitution d'avocat après un délai de deux mois qui courra du jour de l'enregistrement des pourvois ou des protestations au secrétariat du contentieux, à moins que, dans ce délai, l'une des parties n'ait déjà constitué avocat. Le délai ci-dessus ne fera, dans aucun cas, obstacle au jugement des affaires en état.

TITRE III.

Dispositions communes à la section du contentieux
et à la section spéciale du contentieux.

ART. 21. — La répartition des conseillers entre les comités d'instruction de la section du contentieux et entre les sous-sections de la section spéciale du contentieux est arrêtée par le vice-président du Conseil d'État délibérant avec le président de la section, celle des maîtres des requêtes et des auditeurs par le président de la section après entente avec les présidents des comités d'instruction ou des sous-sections.

ART. 22. — Les requêtes ainsi que les pièces qui y sont jointes peuvent être accompagnées, en vue des communications, de copies sur papier libre certifiées conformes par les requérants.

A l'expiration du délai assigné aux ministres et aux parties pour la production des défenses et des observations, le Conseil d'État peut statuer.

ART. 23. — Lorsqu'une affaire soumise à la section spéciale du contentieux ou à ses sous-sections est renvoyée par elles à l'assemblée publique du Conseil d'État statuant au contentieux, le dossier est immédiatement transmis à la section du contentieux; le rapport en est préparé par la section ou par l'un des comités d'instruction. Le renvoi est établi par un extrait du procès-verbal de la séance dans laquelle ce renvoi a été ordonné.

ART. 24. — Le procès-verbal des séances de la section du contentieux, de la section spéciale du contentieux et de leurs sous-sections mentionne l'accomplissement des dispositions contenues respectivement dans l'article 96, § 3, de la loi du 8 avril 1910, dans les articles 2 et 5 de la loi du 1er mars 1923, et dans les articles 7, § 3, 10, 13, 15, § 1er, 17, § 2, 18 et 26 du présent règlement.

ART. 25. — Sont applicables aux audiences publiques de la section du contentieux, de la section spéciale du contentieux et de leurs sous-sections les dispositions de l'article 24, § 2, de la loi du 24 mai 1872 relatif à la police des audiences.

ART. 26. — Toutes les décisions rendues par l'assemblée publique du Conseil d'État statuant au contentieux, par la section du conten tieux, par la section spéciale du contentieux ou par leurs sous-sections contiennent les noms et demeures des parties, leurs conclusions, le vu des pièces principales et des lois appliquées.

Elles sont signées par le président, le rapporteur et le secrétaire, lues en séance publique et transcrites sur le procès-verbal des délibérations.

Ces décisions portent respectivement la mention suivante :

AU NOM DU PEUPLE FRANÇAIS,

Le Conseil d'État statuant au contentieux ;

ou

Le Conseil d'État statuant au contentieux (section du contentieux) ;

ou

Le Conseil d'État statuant au contentieux (section du contentieux, 1re ou 2e sous-section) ;

ou

Le Conseil d'État statuant au contentieux (section spéciale du contentieux) ;

ou

Le Conseil d'État statuant au contentieux (section spéciale du contentieux, 1re, 2e ou 3e sous-section).

ART. 27. — L'expédition des décisons, délivrée par le secrétaire du contentieux, porte la formule exécutoire suivante:

« La République mande et ordonne aux ministres du (ajouter les départements ministériels désignés par la décision), en ce qui les concerne, et à tous huissiers à ce requis, en ce qui concerne les voies de droit commun contre les parties privées, de pourvoir à l'exécution de la présente décision. »

ART. 28. — Pour l'application des dispositions du paragraphe 3 de l'article 5 de la loi du 24 mai 1872 et du paragraphe 3 de l'article 2 de la loi du 13 juillet 1879, le vice-président du Conseil d'État

— 9 —

et les présidents de section prennent, en ce qui concerne les auditeurs de 1re et de 2e classe affectés à la section du contentieux ou à la section spéciale du contentieux, l'avis des présidents des comités d'instruction ou des sous-sections dont ces auditeurs font partie.

TITRE IV.

Dispositions transitoires et générales.

Art. 29. — Les affaires pendantes devant la section du contentieux au moment de la publication du présent règlement seront, à l'exception de celles qui sont réservées pour être instruites par la section, réparties entre les comités d'instruction suivant les nécessités du service.

Art. 30. — Le secrétariat de la section du contentieux et le secrétariat de la section spéciale du contentieux sont distincts.

Les fonctions de secrétaire de la section du contentieux et de ses sous-sections sont remplies par le secrétaire du contentieux.

Le secrétaire de la section spéciale du contentieux est nommé par arrêté du Ministre de la Justice sur la proposition du vice-président du Conseil d'État. Il peut être pris parmi les secrétaires de section au Conseil d'État.

Quatre secrétaires adjoints, désignés par le vice-président du Conseil d'État, sur la proposition du président de la section du contentieux, remplissent les fonctions de secrétaires des comités d'instruction.

Trois secrétaires adjoints, désignés par le vice-président du Conseil d'État, sur la proposition du président de la section spéciale du contentieux, remplissent les fonctions de secrétaires des sous-sections de la section spéciale.

Le secrétariat de la section du contentieux et celui de la section spéciale du contentieux sont organisés par arrêté du vice-président du Conseil d'État délibérant avec les présidents des deux sections.

En cas d'empêchement, le secrétaire du contentieux, secrétaire de la section du contentieux et de ses sous-sections, et le secrétaire de la section spéciale du contentieux sont remplacés respectivement dans leurs fonctions par un des secrétaires adjoints de la section du contentieux ou de la section spéciale, désigné par le vice-président du Conseil d'État sur la proposition du président de la section intéressée ; en cas d'urgence, la désignation est faite par le président de la section.

Art. 31. — L'application des règles édictées par le présent décret commencera à dater du 15 octobre 1923.

Art. 32. — Sont abrogés le décret en date du 31 mai 1910, portant règlement d'administration publique pour l'exécution de l'article 96 de la loi du 8 avril précédent, les dispositions du paragraphe 3 du titre III du décret du 2 août 1879, portant règlement intérieur du Conseil d'État ,ainsi que toutes dispositions contraires à celles du présent règlement.

— 1 —

DÉCRET

relatif à l'application dans les départements du Bas-Rhin, du Haut-Rhin et de la Moselle de la législation française sur les habitations à bon marché et la petite propriété.

(25 septembre 1923.)

ARTICLE PREMIER. — Le tribunal administratif d'Alsace et de Lorraine institué à Strasbourg par le décret du 26 novembre 1919 sera substitué à titre transitoire aux conseils de préfecture pour connaître, dans la limite de la compétence de ceux-ci, des demandes en exonération d'impôts directs présentées par application de la législation relative aux habitations à bon marché et la petite propriété.

DÉCRET

déclarant applicables, dans les départements du Bas-Rhin, du Haut-Rhin et de la Moselle, certaines dispositions législatives concernant les redevances pour la rétribution des délégués mineurs et attribuant au tribunal administratif d'Alsace et Lorraine, le pouvoir de statuer sur les réclamations relatives à ces redevances.

(3 décembre 1923.)

. . . .

ARTICLE PREMIER. — L'article 34 de la loi du 8 août 1890 et l'article 14 de la loi du 26 décembre 1890 concernant le calcul et le recouvrement des redevances pour la rétribution des délégués mineurs, sont déclarés applicables dans les départements du Bas-Rhin, du Haut-Rhin et de la Moselle.

ART. 2. — Le tribunal administratif, institué à Strasbourg par le décret du 26 novembre 1919, sera provisoirement substitué aux conseils de préfecture, pour connaître, dans la limite de la compétence de ceux-ci, des réclamations relatives aux redevances pour les rétributions dues aux délégués mineurs.

. . . .

*portant ratification du décret du 26 juillet 1920, portant application,
dans les départements du Haut-Rhin, du Bas-Rhin et de la Moselle, de la législation française concernant l'impôt général sur
le revenu et l'impôt sur les traitements, salaires, pensions et rentes
viagères.*

(12 décembre 1923.)

ARTICLE UNIQUE. — Est ratifié le décret du 26 juillet 1920 pris
en exécution de l'article 118 de la loi du 25 juin 1920 et portant
application, dans les départements du Bas-Rhin, du Haut-Rhin et de
la Moselle, de la législation française concernant l'impôt général
sur le revenu et l'impôt sur les traitements, salaires, pensions et
rentes viagères.

. . . .

portant ratification du décret du 12 mars 1921, portant application, dans les départements du Bas-Rhin, du Haut-Rhin et de la Moselle, d'un certain nombre de dispositions législatives se rattachant à la législation sur les habitations à bon marché et la petite propriété.

(15 janvier 1924.)

Article unique. — Est ratifié le décret du 12 mars 1921, portant application, dans les départements du Bas-Rhin, du Haut-Rhin et de la Moselle, d'un certain nombre de dispositions législatives se rattachant à la législation sur les habitations à bon marché et la petite propriété.

. . . .

*portant ratification du décret du 21 décembre 1922, portant appli-
cation, dans les départements du Haut-Rhin, du Bas-Rhin et de
la Moselle, des articles 18, 19 et 20 de la loi du 31 décembre 1921,
relatifs aux conditions d'exigibilité de l'impôt direct, à la publication des rôles de contributions directes et au délai fixé pour
les réclamations.*

(15 janvier 1924.)

ARTICLE UNIQUE. — Est ratifié le décret du 21 décembre 1922,
portant application, dans les départements du Bas-Rhin, du Haut-
Rhin et de la Moselle, des articles 18, 19 et 20 de la loi du 31 décembre 1921, relatifs aux conditions d'exigibilité de l'impôt direct,
à la publication des rôles de contributions directes et au délai fixé
pour les réclamations.

DÉCRET

déclarant applicable, dans les départements du Bas-Rhin, du Haut-Rhin et de la Moselle, la législation française relative à la taxe sur les chiens et attribuant au tribunal administratif le pouvoir de statuer sur les réclamations visant cette taxe.

(7 février 1924.)

ARTICLE PREMIER. — Sont applicables, dans les départements du Bas-Rhin, du Haut-Rhin et de la Moselle, à partir de l'exercice 1924, la législation française relative à la taxe municipale sur les chiens, ainsi que la réglementation française concernant l'assiette et le recouvrement de la taxe, la confection des rôles, la présentation, l'instruction et le jugement des réclamations.

ART. 2. — A partir du même exercice, sont abrogées les dispositions de la législation locale concernant ladite taxe.

ART. 3. — Le tribunal administratif, institué par le décret du 26 novembre 1919 et siégeant à Strasbourg, est provisoirement substitué aux conseils de préfecture, pour connaître, dans les limites de la compétence de ceux-ci, des réclamations relatives à la taxe sur les chiens.

. . . .

LOI

concernant les diverses mesures à prendre
contre les incendies de forêts.

(26 mars 1924.)

ART. 9. — L'article 226 du Code forestier est complété ainsi qu'il suit :

« Les semis et plantations de bois effectués après incendie sont également exempts de tout impôt pendant une durée égale à l'âge des bois incendiés, s'il n'est pas supérieur à vingt ans. »

LOI

portant ratification du décret du 5 juin 1923, fixant les conditions d'application de la loi du 31 mars 1923 portant introduction, dans les départements du Haut-Rhin, du Bas-Rhin et de la Moselle, de certaines dispositions de la législation française concernant divers impôts cédulaires et les redevances sur les mines (part de l'État).

(20 juillet 1924.)

ARTICLE UNIQUE. — Est ratifié le décret du 5 juin 1923, fixant les conditions d'application de la loi du 31 mars 1923 portant introduction, dans les départements du Haut-Rhin, du Bas-Rhin et de la Moselle, de certaines dispositions de la législation française concernant divers impôts cédulaires et les redevances sur les mines (part de l'État).

. . . .

— 1 —

DÉCRET

*prescrivant de nouvelles évaluations foncières dans les départements
du Bas-Rhin, du Haut-Rhin et de la Moselle et introduisant
dans ces départements, la législation et la réglementation françaises relatives à l'assiette de la contribution foncière (propriétés
bâties et non bâties).*

(21 septembre 1924.)

ARTICLE PREMIER. — Dans les départements du Bas-Rhin, du
Haut-Rhin et de la Moselle, il sera procédé à de nouvelles évaluations foncières suivant les dispositions de la législation française et dans les conditions prévues aux articles 45 à 48 de la loi
du 22 mars 1924. Toutefois, les travaux d'exécution pourront se
prolonger jusqu'en 1926 et les déclarations visées à l'article 46 de
la loi du 22 mars 1924 seront reçues jusqu'au 31 janvier 1925.

ART. 2. — Les résultats des évaluations serviront de base à la
contribution foncière des propriétés bâties et non bâties, à partir
du 1er janvier 1927. Deviendront en même temps applicables et se
substitueront aux dispositions actuelles la législation française relative à l'assiette de la contribution foncière, à l'exception de la loi
du 9 décembre 1905 (art. 24) complétée par la loi du 19 juillet
1909, ainsi que les dispositions législatives et réglementaires concernant l'établissement et la publication des rôles, la présentation,
l'instruction et le jugement des réclamations.

ART. 3. — Les revisions périodiques des évaluations foncières,
prévues par la loi du 29 mars 1914, seront entreprises dans le
Bas-Rhin, le Haut-Rhin et la Moselle suivant les prescriptions de
l'article 48 de la loi du 22 mars 1924.

ART. 4. — Le tribunal administratif institué à Strasbourg par
le décret du 26 novembre 1919 sera provisoirement substitué aux
conseils de préfecture pour connaître, dans la limite de la compétence de ceux-ci, des réclamations dirigées contre la contribution
foncière (propriétés bâties et non bâties).

LOI

portant fixation du budget général de l'exercice 1925.

(13 juillet 1925.)

ART. 25. — Toute personne ou société exerçant une profession industrielle ou commerciale, ou se livrant à l'exploitation minière ou concessionnaire d'un service public, est assujettie à une taxe, dite taxe d'apprentissage, dont le produit, inscrit au budget de l'État, contribue aux dépenses nécessaires au développement de l'enseignement technique et de l'apprentissage, ainsi qu'à celles des laboratoires scientifiques.

. . . .

La taxe est due au 1er janvier pour l'année entière. Elle est établie et recouvrée, les réclamations sont instruites et jugées comme en matière de contributions directes.

. . . .

ART. 33. — Un règlement d'administration publique déterminera les conditions dans lesquelles la responsabilité des comptables du Trésor sera mise en jeu ou pourra être atténuée en cas de non-recouvrement des cotes comprises dans les rôles des contributions directes établis, mais non encore soldés, ou à émettre dans l'avenir.

ART. 321. — Le premier paragraphe, et le tableau qui le suit, de l'article 2 de la loi du 5 décembre 1922, sont remplacés par les dispositions suivantes :

« Les avantages concédés par la présente loi s'appliquent aux maisons destinées à l'habitation collective lorsque la valeur loca-

— 2 —

tive de chaque logement ne dépasse pas les maxima déterminés
ci-après :

DÉSIGNATION.	LOGEMENTS COMPRENANT 3 pièces habitables ou plus de 9 mètres superficiels au moins avec cuisine et W. C. et ayant une superficie totale d'habitation entre les murs et cloisons d'au moins 45 mètres carrés.	LOGEMENTS COMPRENANT 2 pièces habitables de 9 mètres superficiels au moins avec cuisine et W.C. et ayant une superficie totale d'habitation entre les murs et cloisons d'au moins 35 mètres carrés.	LOGEMENTS COMPRENANT 1 pièce destinée à l'habitation de 9 mètres superficiels au moins et cuisine et ayant une superficie totale d'habitation entre les murs et cloisons d'au moins 25 mètres carrés avec ou sans W. C.	LOGEMENTS COMPRENANT 1 chambre isolée de 9 mètres superficiels au moins et ayant une superficie totale d'habitation entre les murs et cloisons d'au moins 15 mètres carrés avec ou sans W. C.
	1	2	3	4
1° Immeubles non situés dans la ville de Paris ou sa banlieue telle qu'elle est définie au 2°..................	1.092	873	655	886
2° Immeubles situés dans la ville de Paris et banlieue de la ville de Paris dans un rayon de 3o kilomètres à compter du point de départ du kilométrage des routes nationales..............	1.310	1.092	764	436

« Les chiffres de la colonne 1 seront augmentés d'un cinquième
par pièce supplémentaire de 9 mètres superficiels au moins, à la
condition que le logement de quatre pièces habitables soit attribué
à une famille comprenant, au moment de l'entrée en jouissance,
six personnes au moins, dont quatre enfants ou pupilles de la Nation,
âgés de moins de seize ans. Les logements comportant un nombre
de pièces supérieur à quatre ne pourront être attribués qu'aux
familles comprenant, par pièce supplémentaire, un nombre de personnes supérieur de deux au minimum ci-dessus (1). »

---

(1) Dispositions complétées par la loi du 30 décembre 1926 (art. 122).

— 1 —

LOI

portant ratification du décret du 3 août 1923, déclarant applicable, dans les départements du Haut-Rhin, du Bas-Rhin et de la Moselle, la législation française relative à la taxe des prestations.

(29 juillet 1925.)

ARTICLE UNIQUE. — Est ratifié le décret du 3 août 1923 en tant qu'il rend la législation française relative à la taxe des prestations applicable dans les départements du Haut-Rhin, du Bas-Rhin et de la Moselle, ou qu'il y abroge ou modifie des dispositions législatives de **droit local**.

DÉCRET

portant application à l'Alsace et à la Lorraine
de diverses dispositions de la loi de finances du 13 juillet 1925.

(28 novembre 1925.)

ARTICLE PREMIER. — Sont déclarés applicables, dans les départements du Bas-Rhin, du Haut-Rhin et de la Moselle, les dispositions des articles 21, 27, 32, 33, 34, 35, 36, 37, 39, 69, 72, 74, 75, 77, § 2 et 3, 79, 80, 81, 84, 85, 86, 91, 93, 94, 95, 97, 103, 139, 140, 141, 142, 143, 145, 221, 322 et 323 de la loi de finances du 13 juillet 1925.

. . . .

portant ratification du décret du 7 février 1924 introduisant dans les départements du Bas-Rhin, du Haut-Rhin et de la Moselle, la législation et la réglementation françaises relatives à la taxe municipale sur les chiens.

(9 mars 1926)

ARTICLE UNIQUE. — Est ratifié le décret du 7 février 1924 en tant qu'il déclare les lois françaises relatives à la taxe municipale sur les chiens applicables dans les départements du Bas-Rhin, du Haut-Rhin et de la Moselle ou qu'il y abroge ou modifie des dispositions législatives de droit local.

LOI

*ayant pour objet de régler, à partir du 1er avril 1926,
les rapports des bailleurs et des locataires de locaux d'habitation.*

(1er avril 1926.)

EXTRAIT.

. . . .

Art. 31. — L'exemption temporaire de l'impôt foncier, dont bénéficient, en vertu de l'article 9 de la loi du 8 août 1890, les constructions nouvelles, les reconstructions et les additions de construction, est fixée à quinze ans, à compter de l'année qui suivra celle de leur achèvement, pour les constructions nouvelles, reconstructions et additions non terminées à la date du 31 mars 1922, ou commencées depuis cette date, ainsi que pour celles qui seront entreprises postérieurement à la promulgation de la présente loi, pourvu qu'elles soient achevées avant le 1er janvier 1930. Dans tous les cas où une demande d'autorisation de bâtir est exigée, préalablement à la construction d'un immeuble, cette demande, lorsqu'elle aura été régulièrement produite, tiendra lieu de la déclaration spéciale prévue par l'article 9 de la loi du 8 août 1890.

À titre transitoire, les constructions terminées après le 31 mars 1922 et qui n'auraient pas été l'objet de déclaration dans le délai fixé par la loi du 8 août 1890 et par l'article 60 de la loi du 5 décembre 1922, sur les habitations à bon marché, pourront revendiquer les mêmes droits sur déclaration faite à la mairie dans les six mois qui suivront la promulgation de la présente loi. Toutefois, l'immunité fiscale ne sera acquise que pour la fraction de la période de quinze ans restant à courir, à dater du 1er janvier 1927.

L'exemption est, en outre, étendue, en ce qui concerne les mêmes immeubles, aux taxes spéciales perçues au profit des départements et des communes.

Sont toutefois exclus du bénéfice des dispositions qui précèdent :

1° Les immeubles ou portions d'immeubles affectés à un autre usage que l'habitation ;

— 2 —

2° Les immeubles ou portions d'immeubles construits par les sinistrés de la guerre ou leurs ayants droit et ayant donné lieu à l'attribution de l'indemnité prévue par le premier alinéa de l'article 4 de la loi du 17 avril 1919 relative à la réparation des dommages de guerre ;

3° Les habitations d'agrément, de plaisance ou servant à la villégiature ;

4° Les immeubles ou portions d'immeubles reconnus insalubres et ceux qui auront été construits en violation des lois et règlements sur la protection de la santé publique, sur les servitudes *non aedificandi*, sur la voirie, l'aménagement et l'extension des villes.

Les immeubles ou portions d'immeubles appelés à bénéficier des immunités fiscales instituées par le présent article, qui seraient ultérieurement affectés à la location en meublé ou à un autre usage que l'habitation, cesseront d'avoir droit à ces immunités à compter de l'année immédiatement postérieure à celle de leur transformation, sans toutefois pouvoir être soumis à la contribution foncière avant l'expiration du délai d'exemption fixé par l'article 9 de la loi du 8 août 1890.

. . . .

portant création de nouvelles ressources fiscales.

(4 avril 1926.)

ART. 2. — L'article 18 de la loi du 31 décembre 1921 est remplacé par les dispositions suivantes :

« Les contributions, impôts, taxes et produits recouvrés comme en matière de contributions directes sont exigibles en deux fractions égales, payables, la première le 30 avril, la seconde le 31 octobre de l'année pour laquelle l'impôt est dû.

« Le non-payement du premier terme à la date extrême du 31 juillet, ainsi que le déménagement hors du ressort de la perception, à moins que le contribuable n'ait fait connaître, avec justifications à l'appui, son nouveau domicile, et la vente volontaire ou forcée entraînent l'exigibilité immédiate de la totalité de l'impôt dès la *publication du rôle* (1). Entraîne également exigibilité immédiate et totale l'application d'une majoration pour non-déclaration, déclaration tardive ou insuffisance des revenus et bénéfices imposables.

Les articles compris dans les rôles *publiés* (2) postérieurement au 31 juillet sont exigibles en deux fractions égales, payables, la première dans le mois qui suit la *publication du rôle* (1), la seconde le 31 octobre de l'année pour laquelle l'impôt est dû.

Le non-payement du premier terme dans le délai fixé entraîne l'exigibilité immédiate de la totalité de l'impôt.

Les articles compris dans les rôles *publiés* (2) postérieurement au 30 septembre sont exigibles en totalité dans le mois qui suit la *publication du rôle* (1). »

. . . .

---

(1) Actuellement, mise en recouvrement du rôle (décret du 16 novembre 1926, art. 2).

(2) Actuellement, mis en recouvrement (*ibid.*).

— 1 —

LOI

portant fixation du budget général de l'exercice 1926.

(29 avril 1926.)

ART. 139. — Les Conseils de préfecture autres que celui du département de la Seine peuvent valablement délibérer en se complétant, en cas de vacance d'un ou de deux postes de conseillers dans un département, par l'adjonction d'un ou de deux conseillers de préfecture d'un département voisin.

Un décret rendu après avis du Conseil d'État fixera les indemnités de déplacement et les frais de transport des magistrats administratifs appelés à siéger ainsi accidentellement dans un autre département que celui de leur résidence.

LOI

*autorisant les communes et les départements
à établir des taxes.*

(13 août 1926.)

LE SÉNAT ET LA CHAMBRE DES DÉPUTÉS ont adopté,

LE PRÉSIDENT DE LA RÉPUBLIQUE promulgue la loi dont la teneur
suit :

TITRE PREMIER.

Taxes communales.

ARTICLE PREMIER. — Toute commune peut, par délibération du
conseil municipal approuvée par le Préfet, après avis du Directeur
départemental de l'Administration financière compétente, et sans
être tenue à la suppression des droits d'octroi, établir les taxes
désignées ci-après :

1° Licence à la charge des commerçants de boissons, en addition au droit de licence perçu pour le compte de l'État ;

2° Taxe sur les chevaux, mules, mulets ou voitures ;

3° Taxe sur les billards publics et privés ;

4° Taxe sur les cercles, sociétés et lieux de réunion ;

5° Taxe sur le revenu net des propriétés bâties ;

6° Taxe sur le revenu net des propriétés non bâties ;

7° Taxe sur les balcons et les constructions en saillie ;

8° Taxe d'habitation d'après la valeur locative des locaux d'habitation ;

9° Taxe sur la valeur locative des locaux servant à l'exercice
d'une profession ;

10° Taxe sur les locaux loués en garnis ;

11° Taxe d'enlèvement des ordures ménagères ;

— 2 —

12° Taxe sur les véhicules automobiles, les cycles-cars et moto-cyclettes, dans les conditions et limites fixées par l'avant-dernier paragraphe de l'article 5 de la loi du 3 août 1926;

13° Taxe sur les instruments de musique à clavier (pianos, orgues, harmoniums);

14° Taxe sur les domestiques attachés à la personne, précepteurs, préceptrices et gouvernantes;

15° Taxe sur le chauffage et l'éclairage par le gaz et l'électricité;

16° Taxe de déversement à l'égout;

17° Taxe sur l'exploitation ou la location de terrains de plaisance, de tennis, de golf et autres emplacements analogues;

18° Taxe sur les établissements de nuit;

19° Taxe sur les entrées payantes aux champs de course, vélodromes et autodromes. Au cas où le siège de la société qui organise les courses se trouve dans une commune autre que celle où la taxe est perçue, le produit de cette taxe est partagé entre les deux communes intéressées;

20° Taxe sur la publicité faite à l'aide soit de panneaux-réclames, soit d'affiches, soit d'enseignes lumineuses;

21° Taxe sur les chasses louées ou gardées;

22° Taxe sur les distributeurs automatiques, les orchestrions, phonographes et instruments analogues, fonctionnant dans les cafés, débits, estaminets, hôtels et autres établissements publics;

23° Taxe sur le colportage.

Des règlements d'administration publique fixeront les maxima et détermineront les modalités d'assiette et de perception de ces taxes, les exonérations ainsi que les dégrèvements autorisés pour les petites cotes et pour les charges de famille. Ils pourront, pour une même taxe, prévoir plusieurs modes d'assiette et de perception, entre lesquels les communes auront le choix. Lorsque les taxes inscrites sur la liste ci-dessus seront en addition à des contributions d'État, elles seront soumises aux règles applicables à ces contributions, et leurs tarifs ne pourront dépasser 25 p. 100 des taxes perçues pour le compte de l'État.

Les maxima établis en vertu de l'ensemble des alinéas précédents ne pourront être dépassés qu'à titre exceptionnel; les délibérations des conseils municipaux seront, dans ce cas, soumises à l'approbation par décret rendu en Conseil d'État.

— 3

A titre transitoire, les communes qui ont été précédemment autorisées à percevoir des taxes ne figurant pas sur la liste ci-dessus ou des taxes supérieures aux maxima susvisés continueront à bénéficier des autorisations antérieurement données.

Art. 2. — Les articles 137, 138 et 139 de la loi du 5 avril 1884 sont modifiés ainsi qu'il suit :

« Art. 137. — Les délibérations du conseil municipal concernant la création d'un octroi et le règlement dudit octroi sont approuvées par décret rendu en Conseil d'État.

« Il en est de même des délibérations portant sur :

« 1° L'établissement ou le renouvellement des taxes non comprises dans le tarif général ou excédant le maximum fixé dans ce tarif ;

« 2° La modification du règlement ou du périmètre existant, lorsqu'elle déroge aux règles générales prévues dans un règlement-type établi par décret en Conseil d'État sur la proposition des Ministres de l'Intérieur et des Finances. »

« Art. 138. — Sont exécutoires, sur l'approbation du préfet, les délibérations du conseil municipal portant augmentation ou prorogation pour une période de plus de cinq ans des taxes d'octroi établies conformément aux dispositions du tarif général et les délibérations relatives à la suppression d'un octroi existant. »

« Art. 139. — Sont exécutoires par elles-mêmes les délibérations du conseil municipal prononçant :

« L'assujettissement à la taxe, dans la limite du maximum fixé par le tarif général, d'objets non encore imposés au tarif local mais figurant au tarif général :

« La prorogation ou l'augmentation des taxes d'octroi pour une période de cinq ans au plus, sous la réserve toutefois qu'aucune des taxes ainsi maintenues ou modifiées n'excédera le maximum déterminé par le tarif général et ne portera que sur des objets compris dans ce tarif :

« La diminution des taxes d'octroi ou la suppression de certaines d'entre elles ; la modification du règlement de l'octroi ou du péri-

/|

,nètre existant lorsqu'elle n'est pas contraire aux règles générales déterminées par le règlement-type ci-dessus prévu. »

ART. 3. — La taxe de balayage prévue par l'article 133, n° 13, de la loi du 5 avril 1884, est établie par délibération du conseil municipal approuvée par le Préfet.

TITRE II.

Taxes départementales.

ART. 4. — Les départements peuvent établir par délibération du conseil général, approuvée par décret, des taxes départementales semblables aux taxes énumérées à l'article 1er de la présente loi, à l'exception de celles figurant aux nos 11 et 16 du même article, et les percevoir suivant les mêmes modalités dans les limites de maxima qui seront de la moitié des maxima des taxes communales.

Toutefois, dans un même département, une taxe choisie, à la fois par le département et par une ou plusieurs communes ne pourra être établie d'après des modalités différentes d'assiette et de perception. En cas de désaccord entre la taxe départementale et la taxe communale, les communes devront adopter les modalités de la taxe départementale.

Les maxima ne pourront être dépassés qu'à titre exceptionnel; les délibérations du conseil général seront, dans ce cas, soumises à l'approbation par décret rendu en Conseil d'État.

ART. 5. — L'article 41 de la loi du 10 août 1871 (modifié par la loi du 30 juin 1907) est modifié ainsi qu'il suit :

« Toute contribution extraordinaire ou pour insuffisance de revenus, votée par le conseil général au-delà des limites déterminées par l'article précédent, ainsi que les emprunts remboursables, sur ces contributions, dans un délai n'excédant pas trente ans, doivent être autorisés par décret.

« Toute contribution votée pour une durée de plus de trente ans et tout emprunt remboursable dans un délai excédant trente ans ne peuvent être autorisés que par décret en Conseil d'État. »

— 5 —

TITRE III.

*Dispositions spéciales à la ville de Paris
et au département de la Seine.*

ART. 6. — Sont applicables :

1° A la ville de Paris, les dispositions des articles 141, 142 et 143 de la loi du 5 avril 1884 sur les centimes additionnels et les emprunts, modifiés par la loi du 7 avril 1902. Toutefois, les délibérations du conseil municipal qui, d'après ces lois, sont soumises à l'approbation du Préfet, seront, en ce qui concerne la ville de Paris, approuvées par décret contresigné par le Ministre des Finances et par le Ministre de l'Intérieur.

Les décrets en Conseil d'État qui approuveront, en vertu de l'article 143 susvisé, les délibérations du conseil municipal de Paris, seront également contresignés par le Ministre des Finances;

2° Au département de la Seine, les dispositions de l'article 5, ainsi que celles contenues dans l'article 40 de la loi du 10 août 1871, modifiée par la loi du 30 juin 1907.

ART. 7. — Sont abrogées toutes dispositions contraires à la présente loi.

La présente loi, délibérée et adoptée par le Sénat et par la Chambre des députés, sera exécutée comme loi de l'État.

Fait à Rambouillet, le 13 août 1926.

GASTON DOUMERGUE.

Par le Président de la République :

Le Président du Conseil, Ministre des Finances,

Raymond POINCARÉ.

Le Ministre de l'Intérieur,

Albert SARRAUT.

DÉCRET

supprimant des Conseils de préfecture
et créant des Conseils de préfecture interdépartementaux.

(6 septembre 1926.)

ARTICLE PREMIER. — Les Conseils de préfecture autres que celui de la Seine sont supprimés et remplacés par vingt-deux Conseils de préfecture interdépartementaux, conformément aux indications du tableau ci-dessous :

SIÈGES DES CONSEILS de préfecture inter-départementaux. (1)	DÉPARTEMENTS COMPRIS DANS LA CIRCONSCRIPTION. (2)
Châlons-s.-Marne.	Marne, Aisne, Ardennes, Aube.
Nancy	Meurthe-et-Moselle, Meuse, Vosges.
Dijon	Côte-d'Or, Haute-Marne, Nièvre, Yonne.
Besançon	Doubs, Jura, Haute-Saône, Territoire de Belfort
Clermont-Ferrand	Puy-de-Dôme, Allier, Cantal, Haute-Loire, Lozère
Lyon	Rhône, Ain, Ardèche, Loire, Saône-et-Loire.
Grenoble	Isère, Drôme, Hautes-Alpes, Savoie, Haute-Savoie
Marseille	Bouches-du-Rhône, Basses-Alpes, Vaucluse.
Nice	Alpes-Maritimes, Corse, Var.
Montpellier	Hérault, Gard, Pyrénées-Orientales.
Toulouse	Haute-Garonne, Ariège, Aveyron, Aude, Lot, Tarn, Tarn-et-Garonne.
Pau	Basses-Pyrénées, Hautes-Pyrénées, Gers, Landes.
Bordeaux	Gironde, Charente-Inférieure, Dordogne, Lot-et-Garonne
Limoges	Haute-Vienne, Corrèze, Creuse, Indre.
Poitiers	Vienne, Charente, Indre-et-Loire, Deux-Sèvres.
Nantes	Loire-Inférieure, Maine-et-Loire, Morbihan, Vendée
Rennes	Ille-et-Vilaine, Côtes-du-Nord, Finistère, Mayenne
Orléans	Loiret, Cher, Eure-et-Loir, Loir-et-Cher.
Rouen	Seine-Inférieure, Eure, Oise, Somme.
Caen	Calvados, Manche, Orne, Sarthe.
Lille	Nord, Pas-de-Calais.
Versailles	Seine-et-Oise, Seine-et-Marne.

— 2 —

Art. 2. — Ces vingt-deux Conseils de préfecture interdépartementaux portent le nom des départements compris dans leurs circonscriptions.

Ils peuvent également être désignés sous le nom du chef-lieu du département où ils siègent.

Le Conseil de préfecture de la Seine conserve sa circonscription et son organisation actuelles.

Art. 3. — Les Conseils de préfecture interdépartementaux se composent d'un président et de quatre conseillers, dont l'un est chargé des fonctions de commissaire du Gouvernement.

Art. 4. — Les présidents et les membres des Conseils de préfecture interdépartementaux sont nommés par décret sur la proposition du Ministre de l'Intérieur.

Sont désignés, dans la même forme, ceux des membres de ces Conseils qui sont chargés des fonctions de commissaire du Gouvernement.

Art. 5. — Les membres des Conseils de préfecture interdépartementaux sont divisés en trois classes. Les classes sont personnelles.

Les conseillers de 3e classe, dont le recrutement est temporairement suspendu, seront recrutés ultérieurement au concours parmi les candidats âgés de 25 ans au moins et de 30 ans au plus au 1er janvier de l'année du concours, qui, justifiant avoir satisfait aux obligations imposées par les lois sur le recrutement de l'armée, sont pourvus du diplôme de licencié en droit.

Les conseillers de 2e classe sont recrutés dans la proportion des trois quarts des emplois vacants parmi les conseillers de 3e classe, et les conseillers de 1re classe dans la même proportion parmi les conseillers de 2e classe.

Les présidents des Conseils de préfecture interdépartementaux sont recrutés exclusivement parmi les conseillers de 1re classe.

Les membres du Conseil de préfecture de la Seine sont recrutés dans la proportion de la moitié parmi les présidents ou conseillers de 1re classe des Conseils de préfecture interdépartementaux.

Le président et les présidents de section de ce Conseil sont choisis parmi les membres de ce Conseil ou les membres du Conseil d'État.

Le surplus des emplois de conseiller de 1re et de 2e classe ne pourra être attribué qu'à des fonctionnaires ou anciens fonctionnaires publics.

— 3 —

Art. 6. — Chaque Conseil de préfecture interdépartemental comprend : un secrétaire greffier, et, s'il y a lieu, un ou plusieurs secrétaires greffiers adjoints appartenant aux personnels des préfectures, dont un en résidence fixe à la préfecture de chacun des départements de la circonscription autres que celui où siège le Conseil.

Demeurent dépenses obligatoires à la charge des départements les frais de matériel nécessités par le fonctionnement des Conseils de préfecture interdépartementaux et de leurs secrétariats greffes.

Art. 7. — Les règles relatives aux attributions juridictionnelles et administratives des Conseils de préfecture supprimés, à la procédure devant ces Conseils et aux recours formés contre leurs arrêtés, demeurent applicables aux Conseils de préfecture interdépartementaux et aux décisions de ces Conseils, sous réserve des modifications qui seront jugées nécessaires et seront déterminées par des décrets ultérieurs (1).

Art. 8. — Un ou plusieurs membres de chaque Conseil de préfecture interdépartemental et du Conseil de préfecture de la Seine sont désignés par le président de ces Conseils pour statuer par délégation du Conseil et sans intervention du ministère public, mais sauf recours devant le Conseil d'État, sur les catégories d'affaires ci-dessous énumérées :

1° Les demandes en mutation de cote et en exemption temporaire d'impôts directs auxquelles l'Administration des Contributions directes propose de faire droit intégralement ;

2° Les réclamations en matière fiscale que l'administration compétente propose de rejeter comme entachées d'un vice de forme ou présentées hors délai, celles pour lesquelles il y a lieu de donner acte d'un désistement, ou à l'occasion desquelles les intéressés n'auront pas, dans le délai d'un mois à dater de la notification à eux faite, déclaré qu'ils refusent d'accepter le dégrèvement partiel proposé par l'administration ;

3° Toutes autres réclamations en matière fiscale dans les cas où les intéressés ayant demandé à présenter ou faire présenter des observations orales, déclarent accepter qu'il soit statué sur le litige

____

(1) Voir les modifications apportées par la loi du 27 décembre 1927 (art. 12 à 14).

par le conseiller délégué au chef-lieu du département où ils sont domiciliés ;

4° Les contraventions de voirie dans le même cas que celui qui est prévu au paragraphe précédent.

Dans les cas prévus aux alinéas 3° et 4° ci-dessus, le conseiller délégué se transporte au chef-lieu du département où les intéressés demandent à présenter des observations orales.

Dans les cas prévus aux quatre alinéas ci-dessus, le conseiller délégué peut statuer, soit au chef-lieu du département où le litige s'est produit, soit au siège du Conseil.

Au début de chaque année judiciaire, un arrêté du président du Conseil de préfecture interdépartemental ou du Conseil de préfecture de la Seine établit la liste des conseillers appelés à statuer par délégation du Conseil et fixe les règles relatives à leur remplacement en cas d'empêchement.

Toute affaire portée devant un conseiller statuant par délégation du Conseil peut, en tout état de cause, et tant qu'un jugement n'a pas été rendu, être renvoyée devant le Conseil de préfecture ou, s'il y a lieu, l'une des sections de ce Conseil, soit d'office, par le président, soit par le juge saisi.

Le conseiller délégué prévu au présent article pourra être, en ce qui concerne le département de la Corse, en résidence fixe à Ajaccio ; la désignation de ce conseiller sera faite, au début de chaque année judiciaire, par arrêté du Ministre de l'Intérieur, sur la proposition du président du Conseil de préfecture interdépartemental des Alpes-Maritimes, du Var et de la Corse, dont ce conseiller fera partie.

Art. 9. — Un conseiller peut être commis par le Conseil dont il fait partie ou par le président de ce Conseil, pour procéder, soit au chef-lieu de tout département compris dans la circonscription et autre que celui du siège, soit sur les lieux, à des enquêtes et à toutes autres mesures d'instruction.

Art. 10. — Les Conseils de préfecture interdépartementaux peuvent être appelés à donner leur avis sur les questions qui leur sont soumises par les Préfets des départements de leur circonscription.

Art. 11. — Dans les départements où ne siège aucun Conseil de préfecture interdépartemental, les attributions exercées antérieu-

rement à titre individuel par des conseillers de préfecture sont
dévolues, par arrêté du Préfet, à d'autres fonctionnaires placés
sous ses ordres.

ART. 12. -- A titre transitoire et par dérogation aux dispositions
de l'article 5 du présent décret, une commission spéciale composée
d'un président de section au Conseil d'État, ou d'un conseiller
d'État, président, d'un maître des requêtes au Conseil d'État, d'un
vice-président de Conseil de préfecture, désignés par le Ministre de
l'Intérieur, du Directeur du Personnel et de l'Administration générale au ministère de l'Intérieur et du président du Conseil de préfecture de la Seine, établira, après examen des titres, la liste des
membres des Conseils de préfecture, en fonctions au moment de la
promulgation du présent décret, aptes à faire partie des Conseils
de préfecture interdépartementaux.

Les membres des Conseils de préfecture supprimés qui ne seront
pas replacés dans les cadres des Conseils de préfecture interdépartementaux prévus par le présent décret seront, soit attachés à
titre temporaire, en surnombre, à l'un des Conseils de préfecture
interdépartementaux, soit appelés à d'autres fonctions publiques.
Ils conserveront leur traitement jusqu'à leur nomination dans un
poste régulier.

Les membres des Conseils de préfecture déplacés par application
du présent décret seront indemnisés de leurs frais de déménagement
dans des conditions qui seront fixées par le Ministre de l'Intérieur.

ART. 13. — Des décrets ultérieurs détermineront les mesures
nécessaires pour assurer l'exécution du présent décret et fixeront
notamment :

1° Les règles applicables aux membres des Conseils de préfecture, en ce qui concerne l'avancement, la discipline et la limite
d'âge ;

2° Les règles concernant le fonctionnement de ces Conseils et,
éventuellement, leur division en sections ;

3° Les indemnités de déplacement et les frais de transport des
membres des Conseils de préfecture interdépartementaux appelés
à se rendre, par application de l'article 8 du présent décret, dans
un département autre que celui du siège du Conseil ;

4° Les règles relatives à l'organisation des secrétariats-greffes
et aux allocations spéciales pouvant être accordées aux fonction-

naires et agents des préfectures faisant partie de ces secrétariats-greffes ;

5° Les dispositions relatives à l'application du présent décret en Algérie.

Art. 14. — Le présent décret entrera en vigueur à la date du 1ᵉʳ octobre 1926.

Sont abrogées, à partir de cette date, toutes les dispositions législatives et réglementaires contraires à celles du présent décret et des décrets qui interviendront pour son exécution notamment celles de l'arrêté du 19 fructidor an IX et celles du décret du 16 juin 1808.

DÉCRET

*relatif à la compétence du Directeur général
des Contributions directes en matière de remise de pénalités.*

(23 septembre 1926.)

Article premier. — Le pouvoir de statuer sur les demandes
formées par des redevables à l'effet d'obtenir la remise de droits
en sus, majorations et amendes par eux encourus en matière de
contributions directes et de taxes assimilées est délégué au Directeur général des Contributions directes, après délibération du Conseil d'administration, lorsque les pénalités qui font l'objet de la
demande n'excèdent pas 40.000 francs.

*Lorsque les pénalités n'excèdent pas 2.000 francs, la délégation
du pouvoir de statuer est conférée aux Directeurs départementaux
des Contributions directes, sauf en ce qui touche la contribution
extraordinaire sur les bénéfices de guerre (1).*

Art. 2. — Le Ministre des Finances statue dans tous les autres
cas ou lorsqu'ils y a désaccord entre le Directeur général et le
Conseil d'administration.

(1) Ainsi complété par l'article 1er du décret du 27 janvier 1929.

DÉCRET

*ayant pour objet de fixer des règles d'organisation et de procédure
en vue d'assurer l'application du décret du 6 septembre 1926,
ainsi que de compléter les dispositions de ce décret.*

(26 septembre 1926.)

ARTICLE PREMIER. — Les greffes des Conseils de préfecture interdépartementaux comprennent :

1° A la préfecture du siège du Conseil, un bureau central :

2° Dans chacune des autres préfectures de la circonscription, un
·bureau annexe.

Le service de chaque bureau annexe est assuré par l'un des
secrétaires-greffiers adjoints institués par l'article 6 du décret du
6 septembre 1926.

Le greffe du Conseil de préfecture de la Seine conserve son
organisation spéciale.

ART. 2. — Tout secrétaire-greffier adjoint chargé d'un bureau
annexe du greffe, demeure, au point de vue administratif et disciplinaire, sous l'autorité du Préfet du département dont relève le
personnel auquel il appartient.

Toutefois, il reçoit directement, pour la marche du service qu'il
assure, toutes instructions utiles du président du Conseil de préfecture interdépartemental.

ART. 3. — Sauf dans les cas spécialement prévus par les dispositions des articles 12 à 16 ci-après, toute requête introductive
d'instance peut être déposée, soit au bureau central, soit au bureau
annexe du greffe établi à la préfecture du département où le litige
s'est produit.

Dans le cas où la requête a été déposée à l'un des bureaux
annexes, le secrétaire-greffier adjoint marque cette requête, ainsi
que les pièces qui y sont jointes, d'un timbre indiquant la date de
leur arrivée ; il les transmet, par la voie administrative, au bureau
central du greffe.

Il tient un registre d'ordre pour l'inscription des dates d'arrivée et de transmission des pièces.

Il a qualité pour délivrer aux parties, sur leur demande, le certificat prévu au paragraphe 3 de l'article 1er de la loi du 22 juillet 1889.

ART. 4. — Dans tous les cas où le Conseil de préfecture est, en vertu d'une disposition légale, tenu de statuer dans un délai déterminé, ce délai ne court que de l'arrivée des pièces au bureau central du greffe.

ART. 5. — Les règles prévues à l'article 3 ci-dessus sont applicables aux demandes formulées par voie de dépôt d'un original d'exploit d'huissier, en conformité de l'article 4 de la loi du 22 juillet 1889.

ART. 6. — Tout secrétaire-greffier adjoint chargé d'un bureau annexe du greffe a qualité pour donner l'avertissement prévu au paragraphe 2 de l'article 3 de la loi du 22 juillet 1889, en cas d'absence ou d'insuffisance des copies des requêtes introductives d'instance.

ART. 7. — La communication aux parties défenderesses des requêtes introductives d'instance est faite immédiatement après l'enregistrement de ces requêtes au bureau central, ou à l'un des bureaux annexes du greffe, soit par le président du Conseil de préfecture, soit par le secrétaire-greffier ou le secrétaire-greffier adjoint compétent, agissant au nom et par ordre du président, en conformité des instructions générales ou spéciales reçues de lui.

Toutefois, le président peut toujours faire régler ces communications par le Conseil statuant en chambre du conseil.

ART. 8. — Les règles fixées aux articles 3, 5, 6 et 7 ci-dessus sont applicables aux mémoires en défense ou en réplique, aux mémoires contenant demandes incidentes, aux requêtes en intervention, aux désistements et aux requêtes en opposition.

ART. 9. — L'avertissement prévu au paragraphe 2 de l'article 3 de la loi du 22 juillet 1889, ainsi que les diverses notifications et avertissements ayant trait à l'instruction et au jugement des affaires, et notamment prévus aux articles 10, § 2, 15, 21, 25, § 3, 28, 33, 44 et 54 de cette loi, continueront d'être effectués en la forme administrative; mais ces avertissements et notifications peuvent tous être transmis et remis à personne ou à domicile, aussi bien au moyen de lettres recommandées pour lesquelles avis de réception est, s'il y a lieu, demandé à la poste, que par la voie administrative.

Les règles à observer, quant à l'emploi de l'un ou de l'autre de ces modes de transmission, sont fixées par le président.

ART. 10. — Lorsque les mémoires en défense ou en réplique ont été produits ou que les délais fixés pour leur production sont expirés, le dossier est transmis au conseiller rapporteur désigné par le président.

Les notifications auxquelles donne lieu tout supplément d'instruction ordonné en chambre du conseil sur la proposition du conseiller rapporteur, sont faites en conformité des dispositions contenues aux articles 7 et 9 ci-dessus.

ART. 11. — Les parties ou leurs mandataires peuvent prendre connaissance au bureau central du greffe des pièces de l'affaire, sans déplacement.

Toutefois, le président du Conseil peut autoriser le déplacement des pièces, pendant un délai qu'il détermine, à l'un des bureaux annexes du greffe, soit sur la demande des avocats ou des avoués chargés de défendre les parties, soit sur la demande des administrations publiques intéressées.

En cas de nécessité reconnue, il peut également autoriser la remise momentanée de ces pièces, pendant un délai qu'il détermine, entre les mains de ces avocats ou avoués ou des représentants de ces administrations publiques.

ART. 12. — En matière de contraventions de voirie, les citations et autres pièces seront déposées au bureau du greffe établi à la préfecture du département où le procès-verbal a été dressé.

La communication à l'administration compétente de la défense produite par l'inculpé et la communication à l'inculpé de la réponse faite par l'administration sont effectuées, s'il y a lieu, en conformité des règles fixées par l'article 7 ci-dessus.

ART. 13. — A partir de l'entrée en vigueur du présent décret et pour les contraventions ayant fait l'objet d'un procès-verbal dressé dans un département autre que celui du siège du Conseil,

— 4 —

la citation devra, quand l'intéressé est domicilié dans ce département, l'inviter à faire connaître :

1° S'il entend présenter ou faire présenter des observations orales ;

2° Si, en vue de la présentation de ces observations à la préfecture du département où le procès-verbal a été dressé, il accepte la juridiction du conseiller délégué statuant seul en conformité de l'article 8, n° 4, du décret du 6 septembre 1926.

Pour toutes les contraventions auxquelles s'applique le paragraphe précédent et ayant donné lieu à citation antérieurement à l'entrée en vigueur du présent décret, l'inculpé, s'il a manifesté l'intention de présenter des observations orales, sera averti par l'administration ou, à défaut ,par le secrétaire greffier adjoint compétent, de la faculté qui lui est accordée par l'article 8, n° 4, précité, du décret du 6 septembre 1926 et invité à faire connaître si, en vue d'user de cette faculté, il accepte la juridiction du conseiller délégué.

Faute de réponse affirmative dans le délai de quinzaine à dater de l'envoi des avertissements ci-dessus prévus, les pièces seront transmises au bureau central du greffe pour qu'il soit statué par le Conseil.

Art. 14. — Toutes réclamations, oppositions à contrainte et autres demandes en matière fiscale seront déposées ou transmises, suivant les cas, par l'administration ou par les parties au bureau du greffe établi à la préfecture du département du lieu de l'imposition.

Art. 15. — A partir de l'entrée en vigueur du présent décret, lorsque la réclamation en matière fiscale rentrera dans l'une des catégories prévues aux n°⁸ 1° et 2° de l'article 8 du décret du 6 septembre 1926, la convocation à l'audience adressée, par application de l'article 44, § 3, de la loi du 22 juillet 1889, à la partie qui a fait connaître l'intention de présenter des observations orales, spécifiera que ces observations seront présentées à la préfecture du département du lieu de l'imposition devant le conseiller délégué.

Cette convocation est envoyée par le secrétaire-greffier ou par le secrétaire-greffier adjoint compétent, suivant les cas.

Art. 16. — Lorsqu'il s'agira d'autres réclamations en matière fiscale et lorsque la partie ou son représentant aura son domicile

réel ou un domicile élu dans un département autre que celui du
siège du Conseil et où se trouve le lieu de l'imposition, l'administration, en appelant la partie à faire connaître si elle entend présenter
des observations orales, devra, en outre, l'inviter à indiquer si,
en vue de la présentation de ces observations à la préfecture du
département du lieu de l'imposition, elle accepte la juridiction du
conseiller délégué statuant seul en conformité de l'article 8, n° 3,
du décret du 6 septembre 1926.

Pour toutes affaires de la catégorie prévue au paragraphe précédent, les intéressés qui ont déjà, à la suite de l'invitation à eux
adressée antérieurement à la mise en vigueur du présent décret,
manifesté l'intention de présenter des observations orales, seront
avertis par l'administration ou, à défaut, par le secrétaire-greffier
adjoint compétent, de la faculté qui leur est accordée par l'article 8, n° 3, précité, du décret du 6 septembre 1926 et invités à
faire connaître si, en vue d'user de cette faculté, ils acceptent la
juridiction du conseiller délégué.

Faute de réponse affirmative dans le délai de quinzaine aux
avertissements donnés par application des deux paragraphes précédents, les pièces sont transmises au bureau central du greffe pour
qu'il soit statué par le Conseil.

Art. 17. — Dans tous les cas, sauf en matière fiscale et en
matière électorale, le président du Conseil de préfecture peut, si
toutes les parties en font la demande, d'un commun accord, ordonner par un arrêté purement préparatoire une expertise ou une
enquête.

Cet arrêté est rendu dans les mêmes formes que ceux qui sont
pris, par application de l'article 24 de la loi du 22 juillet 1889,
pour la désignation, en cas d'urgence, d'un expert chargé d'un
constat.

Le président a toujours le droit de renvoyer devant le Conseil
l'affaire dont il est saisi.

Art. 18. — Les réclamations en matière d'affouage qui relèvent
de la compétence des Conseils de préfecture sont jugées par un
conseiller statuant par délégation du Conseil de préfecture dans
les conditions prévues à l'article 8 du décret du 6 septembre 1926,
si aucune des parties ne déclare s'y opposer.

Art. 19. — Les conseillers délégués peuvent également statuer
dans les conditions prévues à l'article 8 du décret du 6 septembre

1926, mais sauf recours à la Cour des comptes, sur les comptes soumis à la juridiction des Conseil de préfecture.

Toutefois, s'il s'agit de gestions occultes, le Conseil seul peut statuer.

ART. 20. — Les séances publiques et non publiques tenues hors du siège du Conseil par un conseiller délégué en vertu des dispositions de l'article 8 ou de l'article 9 du décret précité du 6 septembre 1926, et des articles 18 et 19, du présent décret, ont lieu dans l'une des salles de la préfecture.

A ces séances, les attributions du secrétaire-greffier, lesquelles comprennent notamment la rédaction des procès-verbaux d'enquête, sont remplies par le secrétaire-greffier adjoint.

ART. 21. — Les minutes des décisions rendues, soit par le Conseil de préfecture, soit par un conseiller délégué, sont conservées au bureau central du greffe. Toutefois, les minutes des décisions rendues par un conseiller délégué peuvent, pour les besoins du service, être gardées provisoirement à l'un des bureaux annexes du greffe pendant un délai n'excédant pas un an.

ART. 22. — Les expéditions des décisions sont signées et délivrées par le secrétaire-greffier ou par l'un des secrétaires-greffiers adjoints, suivant les cas.

La disposition du paragraphe précédent est applicable aux arrêtés relatifs au jugement des comptes.

ART. 23. — Les Conseils de préfecture interdépartementaux et leurs greffes sont substitués aux Conseils de préfecture supprimés et aux greffes de ces Conseils, qu'ils remplacent, pour toutes décisions à rendre et tous actes à accomplir qui concernent des instances engagées ou des arrêtés rendus antérieurement au 1er octobre 1926 et qui eussent été de la compétence des Conseils de préfecture supprimés ou de leurs greffes.

ART. 24. — Tous délais impartis sous peine de prescription, péremption, forclusion ou déchéance, pour introduire des actions précédemment de la compétence des Conseils de préfecture supprimés, ou pour accomplir des actes de procédure nécessités par des procédures en cours devant ces juridictions, ou pour exercer des voies de recours contre les arrêtés non encore définitifs rendus par ces mêmes juridictions supprimées, ainsi que tous délais impartis aux Conseils de préfecture pour statuer sur des litiges portés devant eux, seront prorogés de trente jours à partir de leur expiration normale, quand ces délais venaient à expiration durant la période comprise entre la publication du présent décret et le 15 octobre 1926.

ART. 25. — Le présent décret entrera en vigueur le 1er octobre 1926. Sont abrogées à partir de cette date toutes les dispositions législatives et réglementaires contraires à celles du présent décret.

— 1 —

DÉCRET

portant codification des textes législatifs concernant les formalités
à observer et la procédure à suivre au sujet de l'assiette des
impôts sur les revenus.

(15 octobre 1926.)

ARTICLE PREMIER. — Sont codifiées, conformément au texte annexé au présent décret, les dispositions relatives aux impôts cédulaires et à l'impôt général sur le revenu contenues dans les lois ci-dessous énumérées :

Loi du 15 juillet 1914 (art. 5 à 25), modifiée par les lois des 30 décembre 1916 (art. 5), 23 février 1917 (art. 1er et 2), 31 juillet 1917 (art. 50), 29 juin 1918 (art. 3 et 4), 25 juin 1920 (art. 6 à 8), 31 juillet 1920 (art. 2), 30 mars 1923 (art. 8), 30 juin 1923 (art. 3), 22 mars 1924 (art. 43 et 65), 13 juillet 1925 (art. 13, 15, 17 et 18), 4 avril 1926 (art. 1er, 4, 7, 10 et 13) et 29 avril 1926 (art. 6) ;

Loi du 29 décembre 1915 (art. 5) ;

Loi du 13 mars 1917 (art. 8 et 10), modifiée par la loi du 7 août 1920 (art. 4) ;

Loi du 31 juillet 1917 (art. 2 à 37, 42, 51, 52 et 54), modifiée par les lois des 25 juin 1920 (art. 1er à 5), 31 juillet 1920 (art. 3 et 4), 30 mars 1923 (art. 6 et 7), 30 juin 1923 (art. 4 à 8, 10, 11 et 13), 22 mars 1924 (art. 5 et 42), 16 avril 1924 (art. 1er à 3), 13 juillet 1925 (art. 8 à 11, 27 et 83), 4 avril 1926 (art. 9, 11, 12, 14 et 59) et 3 août 1926 (art. 23) ;

Loi du 25 juin 1920 (art. 9 et 112), modifiée par la loi du 13 juillet 1925 (art. 19) ;

Loi du 31 juillet 1920 (art. 31), modifiée par les lois des 13 juillet 1925 (art. 145) et 4 avril 1926 (art. 6) ;

Loi du 31 décembre 1920 (art. 7) ;

Loi du 5 décembre 1922 (art. 65, 69 à 71 et 74) ;

Loi du 30 juin 1923 (art. 12) ;

Loi du 27 décembre 1923 (art. 3) ;

Loi du 8 janvier 1924 ;

Loi du 13 mars 1924 ;

Loi du 22 mars 1924 (art. 3, 4, 44 et 52 à 54), modifiée par la loi du 4 avril 1926 (art. 8) ;
Loi du 27 juin 1925 (art. 3) ;
Loi du 13 juillet 1925 (art. 2, 12, 18, 21, 39, 80 et 82) ;
Loi du 4 avril 1926 (art. 4 à 6) ;
Loi du 29 avril 1926 (art. 5) ;
Loi du 3 août 1926 (art. 23 et 25).

Art. 2. — Sont maintenus, jusqu'à ce qu'ils aient été modifiés, s'il y a lieu, par des décrets ou des règlements d'administration publique nouveaux, les décrets et règlements d'administration publique qui se trouvent en vigueur en vertu des dispositions législatives reproduites dans le présent texte codifié.

TEXTE CODIFIÉ

*des lois relatives aux impôts cédulaires
et à l'impôt général sur le revenu.*

Art. 39. — Tout assujetti à la cédule des bénéfices agricoles.....
peut, après la *publication du rôle* (1), s'il se juge imposé pour un revenu supérieur à son bénéfice net réel, demander une réduction proportionnelle de sa cote, sauf à apporter devant la juridiction compétente les justifications nécessaires par tous les modes de preuve de droit commun.

Art. 40. — Les réclamations relatives à l'impôt sur les bénéfices de l'exploitation agricole sont présentées, instruites et jugées comme en matière de contributions directes.
Toutefois, les réclamations présentées par application de l'article 39 ci-dessus sont jugées et les décisions prononcées en audience non publique; en outre, les avis et communications qui s'y rapportent sont transmis sous enveloppe fermée.

---

(1) Actuellement, mise en recouvrement du rôle (décret du 16 novembre 1926, art. 2).

— 3 —

Art. 69. — Le propriétaire d'un immeuble affecté par hypothèque, privilège ou antichrèse à la garantie d'une créance, a le droit d'obtenir, sur sa demande, le dégrèvement de l'impôt foncier en principal afférent à cet immeuble jusqu'à concurrence de la fraction de cet impôt frappant un revenu égal aux intérêts de ladite créance.

La demande en dégrèvement est présentée, instruite et jugée comme en matière de contributions directes.

Elle doit être produite dans les trois mois de la date du payement des intérêts et appuyée de la quittance ou de l'écrit libératoire dûment revêtu des timbres mobiles prévus par l'article 40 de la loi du 31 juillet 1917.

Les intérêts des dettes chirographaires sont déduits des revenus du débiteur, à l'exception de ceux provenant des valeurs mobilières.

Pour obtenir le bénéfice de cette déduction, les contribuables doivent en faire la demande et justifier que la dette existe réellement, que les intérêts de la dette alléguée ont été effectivement payés au créancier et qu'ils ont été frappés de l'impôt prévu par l'article 38 de la loi du 31 juillet 1917 sur les revenus des créances, dépôts et cautionnements.

La déduction est imputée d'abord sur les revenus de l'entreprise ou de l'exploitation pour les besoins de laquelle la dette a été contractée. En cas d'insuffisance desdits revenus ou à défaut de justification concernant la cause de la dette, l'imputation est faite successivement sur les revenus des catégories taxées au taux le moins élevé.

Art. 94. — Tout contribuable qui s'est abstenu de faire sa déclaration (*en vue de l'assiette de l'impôt général sur le revenu*) ou de répondre à la demande d'éclaircissements du Contrôleur est taxé d'office.

En cas de désaccord avec le Contrôleur, le contribuable taxé d'office ne peut obtenir, par la voie contentieuse, la décharge ou la réduction de la cotisation qui lui a été ainsi assignée qu'en apportant toutes les justifications de nature à faire la preuve du chiffre exact de son revenu, et il supporte la totalité des frais de l'instance, y compris ceux d'expertise. Toutefois, au cas où son revenu, établi par la juridiction compétente, ne serait pas supérieur de plus de 10 p. 100 au chiffre du revenu produit par lui, ces frais incombent à l'État.

— 4 —

ART. 107. — Les réclamations relatives à l'impôt général sur le revenu sont présentées, instruites et jugées comme en matière de contributions directes.

Toutefois, ces réclamations sont jugées et les décisions prononcées en audience non publique.

ART. 108. — Tous avis et communications échangés entre les agents de l'administration ou adressés par eux au contribuable et concernant l'impôt général sur le revenu doivent être transmis sous enveloppe fermée.

Les franchises postales et les taux spéciaux d'affranchissement reconnus nécessaires sont concédés ou fixés par décret.

ART. 109. — Est tenue au secret professionnel, dans les termes de l'article 378 du Code pénal, et passible des peines prévues audit article, toute personne appelée à l'occasion de ses fonctions ou attributions, à intervenir dans l'établissement, la perception ou le contentieux de l'impôt général.

. . . .

ART. 111. — Les dispositions des articles 106 à 110 qui précèdent sont applicables aux impôts cédulaires sur les bénéfices des professions commerciales et industrielles, sur les traitements publics et privés, les indemnités et émoluments, les salaires, les pensions et les rentes viagères et sur les bénéfices des professions non commerciales.

. . . .

— 1 —

DÉCRET

autorisant les Préfets à déléguer aux Directeurs des Contributions directes leurs pouvoirs relatifs à l'homologation des rôles des contributions directes et taxes assimilées et supprimant la publication des rôles.

(16 novembre 1926.)

ARTICLE PREMIER. — Les pouvoirs des Préfets relatifs à l'homologation des rôles des Contributions directes et taxes assimilées peuvent être délégués aux Directeurs départementaux des Contributions directes en ce qui concerne les rôles établis par ces chefs de service.

Cette délégation n'entraînera aucune modification de la compétence des tribunaux.

ART. 2. — La formalité de la publication des rôles des contributions directes et taxes assimilées est supprimée.

Dans les dispositions législatives ou réglementaires concernant le recouvrement ou le contentieux des contributions directes et taxes assimilées, les mots « publication des rôles » sont remplacés par les mots « mise en recouvrement des rôles ».

La date de la mise en recouvrement des rôles est fixée par le Préfet ou, en cas de délégation de la formalité d'homologation, par le Directeur départemental des Contributions directes, d'accord avec le Trésorier-Payeur général. Elle est indiquée sur le rôle, ainsi que sur les avertissements délivrés aux contribuables.

DÉCRET

portant règlement d'administration publique en exécution de la loi du 13 août 1926, articles 1er et 4, autorisant les communes à établir des taxes.

(11 décembre 1926.)

———

LE PRÉSIDENT DE LA RÉPUBLIQUE FRANÇAISE,

Sur le rapport du Ministre de l'Intérieur et du Président du Conseil, Ministre des Finances.

Vu la loi du 13 août 1926, articles 1er et 4, autorisant les communes à établir des taxes et notamment le paragraphe 2 de l'article 1er ainsi conçu :

« Des règlements d'administration publique fixeront les maxima et détermineront les modalités d'assiette et de perception de ces taxes, les exonérations ainsi que les dégrèvements autorisés pour les petites cotes et pour les charges de famille. Ils pourront, pour une même taxe, prévoir plusieurs modes d'assiette et de perception, entre lesquels les communes auront le choix. Lorsque les taxes inscrites sur la liste ci-dessus seront en addition à des contributions d'État, elles seront soumises aux règles applicables à ces contributions et leurs tarifs ne pourront dépasser 25 p. 100 des taxes perçues pour le compte de l'État. »

Le Conseil d'État entendu,

DÉCRÈTE :

TITRE PREMIER.

———

Taxes communales.

ARTICLE PREMIER. — Les modes d'assiette, de perception, ainsi que les tarifs maxima applicables aux taxes communales prévues par la loi du 13 août 1926 sont fixés conformément aux dispositions ci-après :

. . . .

ART. 3. — *Taxe sur les chevaux, mules, mulets et voitures.* — La taxe est assise sur les mêmes éléments que la taxe d'État et soumise aux mêmes règles.

Le tarif maximum est fixé à 25 p. 100 du tarif de la taxe d'État, lequel est fixé actuellement par les dispositions des lois des 22 décembre 1879, 11 juillet 1899, 30 décembre 1916 et 22 mars 1924, savoir :

VILLES ET COMMUNES DANS LESQUELLES LE TARIF EST APPLICABLE.	SOMME A PAYER POUR CHAQUE		
	VOITURE		CHEVAL, mule ou mulet.
	à quatre roues.	à 2 roues.	
	francs.	francs.	francs.
Paris.	36	24	15
Communes autres que Paris ayant plus de 40.000 habitants	30	15	12
Communes de 20.001 à 40.000 habitants	24	12	9
Communes de 10.001 à 20.000 habitants	18	9	7
Communes de 5.001 à 10.000 habitants	15	6	6
Communes de 5.000 habitants et au-dessous ou communes de plus de 5.000 habitants dont la population agglomérée (municipale et complée à part), est inférieure à 2.000 habitants	6	3	3

La taxe est établie par le Service des Contributions directes en même temps que la taxe d'État, et recouvrée selon les mêmes modalités.

Sont exemptés de la taxe communale les voitures, chevaux, mules et mulets non soumis à la taxe d'État.

Ceux qui sont assujettis à la demi-taxe d'État ne sont imposés qu'à la demi-taxe communale.

. . . .

ART. 5. — *Taxe sur les cercles, sociétés et lieux de réunion.* — La taxe est due par les mêmes établissements que ceux assujettis à la taxe d'État ; elle est soumise aux mêmes règles.

Le tarif ne peut excéder 25 p. 100 du montant de la taxe d'État, lequel est actuellement fixé par les lois des 25 juin 1920 et 22 mars 1924, savoir :

— 3 —

A. — Sur les cotisations.

3,75 p. 100 pour la portion n'excédant pas 8.000 francs ;
7,50 p. 100 pour la portion comprise entre 8.001 et 20.000 francs ;
15 p. 100 pour la portion supérieure à 20.000 francs.

B. — Sur la valeur locative.

1,50 p. 100 pour la portion n'excédant pas 4.000 francs ;
3 p. 100 pour la portion comprise entre 4.001 et 8.000 francs ;
6 p. 100 pour la portion supérieure à 8.000 francs. ·

La taxe est établie par le Service des Contributions directes en même temps que la taxe d'État et recouvrée selon les mêmes modalités.

Sont exonérées de la taxe les associations et réunions exemptes de la taxe d'État.

Art. 6. — *Taxe sur le revenu net des propriétés non bâties.* — *Taxe sur le revenu net des propriétés bâties.* — Ces taxes sont calculées sur les revenus nets servant de base à la contribution foncière, compte tenu de la majoration de 75 p. 100 (16,67 p. 100 dans les départements du Haut-Rhin, du Bas-Rhin et de la Moselle) apportée au revenu cadastral des propriétés non bâties par application de l'article 23 de la loi du 3 août 1926. Elles sont établies par l'Administration des Contributions directes en même temps que la contribution foncière et recouvrées suivant les mêmes modalités.

Le tarif ne peut excéder le quart du taux de l'impôt d'État, lequel est actuellement de 18 p. 100.

Les exemptions temporaires et les remises pour cause de vacance ou de démolition en cours d'année sont accordées dans les conditions prévues par les lois en vigueur pour la contribution foncière.

. . . .

Art. 8. — *Taxe d'habitation d'après la valeur locative des locaux d'habitation.* — La taxe est calculée d'après la valeur locative des locaux servant à l'habitation personnelle.

Elle est imposée au nom des occupants à quelque titre que les locaux soient occupés.

La valeur locative est déterminée, soit au moyen de baux authentiques ou de déclarations de locations verbales dûment enregistrées, soit par comparaison avec d'autres locaux dont le loyer a été régulièrement constaté ou est notoirement connu et, à défaut de ces bases, par voie d'appréciation.

De la valeur locative d'habitation de chaque contribuable il peut être déduit, à titre de minimum de loyer, une somme constante dont le montant ne peut excéder le quart du loyer moyen, déterminé en divisant le montant total des valeurs locatives d'habitation retenues pour l'assiette de la contribution mobilière dans la commune par le nombre des contribuables assujettis à cette contribution.

La somme constante visée ci-dessus peut être augmentée en raison des charges de famille des assujettis sans que toutefois la déduction totale puisse dépasser, pour chaque contribuable, le triple du minimum de loyer ci-dessus défini.

Pour l'application de la disposition qui précède, sont considérées comme personnes à la charge du contribuable, à la condition d'avoir le même domicile que ce dernier :

1° Les descendants ainsi que les enfants par lui recueillis si ces descendants et enfants sont âgés de moins de dix-huit ans révolus ou s'ils sont infirmes;

2° Les ascendants âgés de plus de soixante-dix ans ou infirmes.

Le taux de la taxe ne peut excéder 6 p. 100 de la valeur locative imposable, déterminée dans les conditions indiquées ci-dessus.

Sont exemptées de la taxe les personnes reconnues non imposables à la contribution mobilière.

Les états-matrices de la taxe sont dressés par le Contrôleur des Contributions directes, avec le concours de la Commission des répartiteurs.

Les rôles sont établis et recouvrés et les réclamations présentées, instruites et jugées comme en matière de contributions directes.

. . . .

Art. 9. — *Taxe sur la valeur locative des locaux servant à l'exercice d'une profession.* — La taxe porte sur tous les locaux assujettis au droit proportionnel de patente, autres que les locaux d'habitation.

Elle est calculée sur la valeur locative qui sert de base au droit proportionnel de patente et comporte les mêmes exemptions.

Le taux de la taxe ne peut excéder 6 p. 100 de la valeur locative.

Les états-matrices sont dressés par le Contrôleur des Contributions directes avec le concours de la Commission des répartiteurs.

— 5 —

Les rôles sont établis et recouvrés et les réclamations présentées, instruites et jugées comme en matière de contributions directes.

. . . .

ART. 11. *Taxe d'enlèvement des ordures ménagères.* — La taxe porte sur toutes les propriétés assujetties à la contribution foncière ou temporairement exemptées de cette contribution, à l'exception des usines et des maisons ou parties de maisons louées pour un service public, ainsi que de celles situées dans la partie de la commune où ne fonctionne pas le service d'enlèvement des ordures.

Elle est établie d'après le revenu net des immeubles servant de base à la contribution foncière. En ce qui concerne les immeubles temporairement exonérés de cette contribution, la base de la taxe est déterminée par comparaison avec le revenu net attribué aux locaux similaires soumis à l'impôt foncier.

Le montant de la taxe ne peut excéder 6 p. 100 du revenu imposable.

La taxe est imposée au nom des propriétaires ou usufruitiers et exigible contre eux et leurs principaux locataires.

En cas de vacance d'une durée supérieure à trois mois, il peut être accordé remise ou modération de taxe sur réclamation présentée dans les conditions prévues, en pareil cas, en matière d'impôts fonciers.

Les fonctionnaires et les employés civils ou militaires, logés gratuitement dans des bâtiments appartenant à l'État, au département, à la commune ou à un établissement public, sont imposables nominativement à la taxe, dont la base est déterminée, en ce qui concerne leurs logements, par comparaison avec le revenu net attribué aux locaux similaires soumis à l'impôt foncier.

Les états matrices de la taxe sont dressés par le contrôleur des Contributions directes avec le concours de la Commission des répartiteurs.

Les rôles sont établis et recouvrés et les réclamations présentées, instruites et jugées comme en matière de contributions directes.

. . . .

ART. 13. *Taxe sur les instruments de musique à clavier (pianos, orgues, harmoniums).* — La taxe porte sur les pianos droits, à queue, demi-queue, quart de queue, sur les orgues et sur les harmoniums, que ces instruments soient ou non mécaniques, et qu'ils soient ou non utilisés.

95..

Elle est due pour l'année entière, à raison des instruments imposables possédés ou détenus, à quelque titre que ce soit, au 1er janvier.

Toutefois, les personnes qui, dans le courant de l'année, deviennent possesseurs ou détenteurs d'un ou de plusieurs instruments imposables doivent la taxe à partir du 1er du mois dans lequel le fait s'est produit, et sans qu'il y ait lieu de tenir compte des taxes imposées au nom des précédents possesseurs.

Sont exonérés de la taxe les pianos, orgues et harmoniums possédés par :

L'État, les départements, les communes et établissements publics ;

Les associations ou groupements ayant un but de bienfaisance ou d'éducation populaire ;

Les marchands d'instruments de musique, s'ils les destinent exclusivement à la vente ;

Et ceux servant à l'exercice des cultes.

Le montant annuel de la taxe ne peut excéder 30 francs pour les pianos droits et harmoniums et 60 francs pour tous les autres instruments imposables. Toutefois, les propriétaires de deux pianos et plus (sauf les professeurs, fabricants et marchands) peuvent être soumis, pour chaque instrument, à une taxe double de celle fixée dans les limites ci-dessus.

En cas de cession d'un établissement renfermant un ou plusieurs instruments imposables, la taxe peut, si le cédant en fait la demande, être transférée à son successeur.

Les possesseurs ou détenteurs de pianos, orgues et harmoniums doivent les déclarer à la mairie de la commune où se trouvent ces instruments.

En ce qui touche les instruments possédés ou détenus au 1er janvier, la déclaration doit être produite dans le courant du mois de janvier de chaque année.

En ce qui concerne les instruments dont les contribuables sont devenus possesseurs ou détenteurs en cours d'année, la déclaration doit être souscrite dans le délai d'un mois à partir de la date à laquelle se sont produits les faits donnant lieu à l'établissement d'une nouvelle taxe.

Les déclarations produisent leur effet jusqu'à la déclaration contraire et les taxes continuent à être perçues sur la base de l'année précédente, tant qu'il n'y a pas de nouvelle déclaration donnant lieu à changement dans l'établissement de celles-ci.

Les taxes sont doublées pour les contribuables qui ont fait des déclarations inexactes ou qui n'ont pas souscrit leur déclaration dans les délais prescrits.

Les états matrices sont dressés par les contrôleurs des Contributions directes, avec le concours de la Commission des répartiteurs.

Les rôles sont établis et recouvrés et les réclamations présentées instruites et jugées comme en matière de contributions directes.

Art. 14. *Taxe sur les domestiques attachés à la personne, précepteurs, préceptrices et gouvernantes.* — A. Taxe sur les domestiques. — La taxe est perçue sur les employeurs, à raison des domestiques à leur service.

Est considérée comme domestique, en vue de l'application de la taxe, toute personne se trouvant exclusivement et d'une façon permanente attachée au service matériel et personnel de l'employeur ou de sa famille.

Le tarif, pour les domestiques du sexe féminin, ne peut excéder :

DÉSIGNATION.	DANS LES COMMUNES		
	de moins de 10.000 HABITANTS.	de 10.001 à 30.000 HABITANTS.	de 30.001 HABITANTS et plus.
	francs.	francs.	francs.
Pour le premier domestique taxable.........	20	30	40
Pour le deuxième domestique taxable......	40	60	80
Pour le troisième domestique taxable......	60	90	120
Pour le quatrième domestique taxable......	80	120	160
Pour le cinquième domestique taxable.....	120	160	200
Et ainsi de suite en augmentant de 40 francs par domestique.			

Pour les domestiques masculins, le tarif peut être doublé.

Lorsque des domestiques du sexe masculin et des domestiques du sexe féminin ont le même employeur, ils font partie d'un seul et même classement alterné, commençant par un domestique du sexe féminin, et la taxe est appliquée à chaque domestique au tarif propre à son sexe et au taux correspondant au rang qu'il occupe dans ce classement.

Sont exonérés de la taxe :

L'État, les départements, les communes et les établissements publics ;

— 8 —

Les personnes n'ayant qu'un seul domestique et remplissant l'une des conditions suivantes :

a. Être âgées de plus de soixante-dix ans ;

b. Justifier qu'en raison de leurs infirmités ou de leurs maladies, elles ne peuvent se passer de l'aide d'un domestique (les invalides de guerre de 100 p. 100 étant dispensés de toute justification) ;

c. Avoir à leur domicile deux enfants de moins de seize ans ou un ascendant de plus de soixante-dix ans, ou une personne infirme. L'exonération s'applique à deux domestiques lorsque le nombre des septuagénaires, infirmes ou enfants âgés de moins de seize ans vivant sous le même toit est de quatre au moins.

B. Taxe sur les précepteurs, préceptrices ou gouvernantes. — La taxe est établie au nom de l'employeur. Elle est perçue d'après un tarif qui ne peut excéder 100 francs par an pour **chaque précepteur** ou préceptrice et chaque gouvernante employée.

C. Dispositions communes aux deux taxes. — La taxe est due pour l'année entière, à raison des domestiques, précepteurs, préceptrices ou gouvernantes en service au 1er janvier.

Exonération peut être obtenue de la taxe afférente aux trimestres non courus, si déclaration est faite à la mairie de suppression d'emploi huit jours au moins avant l'expiration du trimestre en cours.

Les employeurs sont tenus, sous peine de doublement de la taxe, de faire à la mairie la déclaration du nombre et du sexe des domestiques, précepteurs, préceptrices et gouvernantes à leur service. Cette déclaration doit être faite dans le courant du mois de janvier de chaque année pour les personnes en service au 1er janvier et, en cas de changement dans le nombre ou le sexe des personnes employées, dans le mois du changement.

Les employeurs qui, dans le courant de l'année, engageront une des personnes donnant lieu à la perception de la taxe, doivent la taxe à partir du 1er du mois qui suit celui dans lequel ces personnes sont entrées à leur service. L'imposition est comprise dans un rôle supplémentaire dans le cas où la déclaration n'aurait pas été constatée en temps utile pour entrer dans la formation du rôle primitif.

Les déclarations produisent leur effet jusqu'à déclaration contraire et les taxes continuent à être perçues sur le pied de l'année

— 9 —

précédente, tant qu'il n'y a pas lieu à changement dans l'établissement de celles-ci.

Les états matrices sont dressés par le contrôleur des Contributions directes, avec le concours de la Commission des répartiteurs.

Les rôles sont établis et recouvrés et les réclamations présentées, instruites et jugées comme en matière de contributions directes.

. . . .

ART. 16. *Taxe sur le déversement à l'égout.* — La taxe est perçue sur les propriétaires, soit des constructions raccordées au réseau d'égouts, soit de toutes constructions riveraines des voies pourvues d'un égout.

Elle est établie d'après le revenu net des immeubles servant de base à la contribution foncière, sans que son montant puisse excéder 6 p. 100 de ce revenu.

Les immeubles exonérés à un titre et pour une cause quelconque de la contribution foncière sur la propriété bâtie peuvent être assujettis à un droit fixe annuel dont le maximum ne peut dépasser 50 francs par chute.

Ne sont pas imposables les immeubles publics ou privés appartenant à l'État, aux départements, aux communes.

Les états matrices sont dressés par le contrôleur des Contributions directes, avec le concours de la Commission des répartiteurs.

Les rôles sont établis et recouvrés et les réclamations présentées, instruites et jugées comme en matière de contributions directes.

. . . .

ART. 21. — *Taxes sur les chasses louées ou gardées.*

. . . .

B. — Chasses gardées.

La taxe sur les chasses dont la garde est assurée par un ou plusieurs gardes assermentés est établie au nom du détenteur du droit de chasse, à raison de la superficie des propriétés gardées.

Son taux ne peut excéder 2 francs par hectare (1).

Les redevables sont tenus de faire à la mairie la déclaration de la superficie des propriétés à raison desquelles ils sont passibles de la taxe. Les déclarations sont valables pour toute la durée des faits

____

(1) Dispositions modifiées par la loi du 30 décembre 1928 (art. 49).

qui y ont donné lieu. Elles doivent être modifiées en cas de changement dans les bases de cotisation. Les déclarations sont faites ou modifiées, s'il y a lieu, dans le courant du mois de janvier de chaque année.

La taxe est doublée pour les redevables qui n'ont pas souscrit de déclaration dans ce délai. Ceux qui n'ont déclaré qu'une superficie insuffisante sont tenus de verser, en sus de la taxe afférente à la superficie totale pour laquelle ils sont imposables, une somme égale à la partie de cette taxe correspondant à la superficie non déclarée.

Les états matrices sont dressés par le contrôleur des Contributions directes, avec le concours de la Commission des répartiteurs.

Les rôles sont établis et recouvrés et les réclamations présentées, instruites et jugées comme en matière de contributions directes.

....

TITRE II.

———

Dispositions générales.

ART. 24. — Lorsque des modifications seront apportées à l'assiette des impôts d'État, les taxes locales précédemment établies en addition de ces impôts suivront le sort de l'impôt d'État, sauf dispositions législatives contraires.

La quotité maxima des taxes locales reste toujours, en cas de modification des tarifs des impôts d'État, fixée pour les communes à 25 p. 100 de ces impôts.

ART. 25. — Lorsque les taxes sont perçues par voie de rôles, ceux-ci sont dispensés du timbre.

Des rôles supplémentaires peuvent être émis pour le recouvrement des droits dus par les redevables omis aux rôles primitifs ou insuffisamment imposés dans ces rôles.

ART. 26. — Les frais d'assiette et de perception des taxes communales sont à la charge des collectivités intéressées.

Des arrêtés, pris d'accord entre les Ministres des Finances et de l'Intérieur fixeront le tarif suivant lequel ces frais seront réglés et détermineront les conditions dans lesquelles les sommes perçues par les services de l'État seront versées aux collectivités bénéficiaires et réparties entre elles lorsqu'il y aura lieu à répartition.

— 11 —

ART. 27. — Les Ministres de l'Intérieur et des Finances sont chargés, chacun en ce qui le concerne, de l'exécution du présent décret, qui sera publié au *Journal officiel* et inséré au *Bulletin des lois*.

Fait à Paris, le 11 décembre 1926.

GASTON DOUMERGUE.

Par le Président de la République :

Le Président du Conseil, Ministre des Finances,

Raymond POINCARÉ.

Le Ministre de l'Intérieur,

Albert SARRAUT.

portant fixation du budget général de l'exercice 1927.

(19 décembre 1926.)

EXTRAIT.

Art. 2. — *Tout propriétaire exploitant pour son propre compte et non assujetti à l'impôt général sur le revenu, aura droit à une suppression ou à une réduction du principal de la contribution foncière établie sur les terres dont il est à la fois propriétaire et exploitant, à condition que le revenu cadastral de ses pripriétés non-bâties, majoré comme il est dit à l'article 23 de la loi du 3 août 1926 (1), n'excède pas 1.200 francs.*

Cette suppression ou cette réduction seront réglées comme suit:

Cotes en principal de 100 francs et au-dessus uniques ou totalisées, exonération totale.

Cotes en principal de plus de 100 francs uniques ou totalisées, modération uniforme de 100 francs (2).

Pour obtenir le bénéfice de la réduction, le contribuable devra faire, à la mairie de la commune de son domicile réel, une déclaration écrite donnant l'indication, d'après les documents cadastraux, de toutes les propriétés non bâties qui lui appartiennent et de celles de ces propriétés dont il assure directement l'exploitation.

Les déclarations seront recevables, chaque année, avant le 1er mars. Les contribuables ne seront pas tenus de les reproduire annuellement, mais les faits susceptibles de motiver une modification des indications contenues dans ces déclarations devront faire l'objet de déclarations rectificatives avant le 1er mars de l'année suivante.

---

(1) Majoration de 75 p. 100.
(2) Ainsi modifié par la loi du 30 décembre 1928 (art. 7).

Les déclarations seront vérifiées par le contrôleur des contributions directes assisté du maire et des répartiteurs et les dégrèvements prononcés par le directeur des contributions directes.

Les contribuables dont les déclarations n'auront pas été admises en seront avisés et ils auront la faculté de présenter des demandes de dégrèvement dans les formes ordinaires, dans le délai d'un mois à partir de la réception de la lettre d'avis qui leur aura été adressée.

DÉCRET

portant codification des textes qui régissent les valeurs mobilières.

(28 décembre 1926.)

CHAPITRE II.

Créances, dépôts et cautionnements.

ART. 65. — L'impôt sur le revenu des capitaux mobiliers établi par les articles 48 et suivants, et dont le taux a été fixé par l'article 51, s'applique aux intérêts, arrérages et tous autres produits :

1° Des créances hypothécaires, privilégiées et chirographaires, à l'exclusion de toute opération commerciale ne présentant pas le caractère juridique d'un prêt.

. . . .

ART. 66. — L'impôt est liquidé sur le montant brut des intérêts, arrérages ou tous autres produits des valeurs désignées à l'article précédent.

Il est dû par le seul fait, soit du payement des intérêts, de quelque manière qu'il soit effectué, soit de leur inscription au débit ou au crédit d'un compte, dès lors que le créancier a son domicile ou sa résidence habituelle en France ou y possède un établissement industriel ou commercial dont dépend la créance, le dépôt ou le cautionnement.

Lorsque le payement des intérêts ou leur inscription au débit ou au crédit d'un compte est effectué en France, l'impôt est acquitté par l'apposition de timbres mobiles soit sur la quittance, soit sur le compte où l'inscription est opérée. Toutefois, un règlement d'administration publique peut établir des règles spéciales pour l'acquittement de l'impôt sur les intérêts portés au débit ou au crédit d'un compte.

Lorsque le payement des intérêts ou leur inscription au débit ou au crédit d'un compte est effectué hors de France, ou que le payement des intérêts a lieu en France sans création d'un écrit pour

— 2 —

le constater, le créancier doit souscrire au bureau de l'enregistrement la déclaration du montant de ces intérêts et acquitter la taxe sur ce montant dans les trois premiers mois de l'année suivante.

Le droit est à la charge exclusive du créancier, nonobstant toute clause contraire, quelle qu'en soit la date ; toutefois, le créancier et le débiteur en sont tenus solidairement.

Toute infraction aux dispositions du présent article est punie d'une amende de quatre-vingt-dix francs (90 fr.) à la charge de chacun des contrevenants, indépendamment du payement par le créancier d'une amende égale à 750 p. 100 (y compris les décimes prévus à l'article 144) des droits dont le Trésor a été privé pour chacune des années antérieures à celle de la découverte de l'infraction, sans toutefois que le droit de répétition puisse s'étendre à plus de dix années.

— I —

DÉCRET

portant règlement d'administration publique pour l'exécution des dispositions du titre VI des lois codifiées par le décret du 15 octobre 1926 et relatives à l'établissement de l'impôt général sur le revenu.

(30 décembre 1926.)

ART. 6. — Le contribuable taxé d'office, qui réclame la décharge de son imposition par le motif que son revenu imposable ne le rendrait pas passible de l'impôt général sur le revenu, doit, dans sa réclamation, donner les indications spécifiées dans le paragraphe 1ᵉʳ de l'article précédent, à moins qu'il ne les ait fournies à l'appui de la déclaration prévue par cet article. Faute par lui de se conformer à cette prescription, il ne pourra prétendre au bénéfice des déductions pour les dettes ou charges au sujet desquelles il n'aura pas donné ces indications.

L'administration est tenue de prouver que le contribuable assujetti était passible de l'impôt. Pour faire la preuve à sa charge, l'administration doit établir que, dans l'année qui a précédé celle de l'imposition, l'assujetti a joui d'un revenu au moins égal au minimum imposable, après déduction des seules dettes et charges pour lesquelles des indications auront été fournies par le contribuable dans les conditions fixées par le paragraphe précédent, et auront été l'objet de justifications suffisantes.

ART. 10. — Les agents du Service des Contributions directes sont seuls appelés à formuler des avis sur les réclamations relatives à l'impôt général sur le revenu.

— i

portant fixation du budget général de l'exercice 1928.

(27 décembre 1927.)

EXTRAIT.

. . . .

ART. 10. — A partir du 1ᵉʳ juillet 1928, les réclamations de toute nature qui seront présentées par les contribuables en matière de contributions directes et de taxes assimilées devront, dans les formes et délais prévus par les dispositions législatives et réglementaires en vigueur, être adressées par les intéressés à la Direction des Contributions directes dont dépend le lieu de l'imposition. Il en sera délivré récépissé si les contribuables le demandent.

ART. 11. — Après avis des agents chargés de l'assiette de l'impôt et, s'il y a lieu, du maire, des répartiteurs ou des classificateurs, le Directeur statuera sur les réclamations dans le délai de six mois qui suivra la date de leur présentation, à la seule exception de celles ressortissant à la juridiction gracieuse, qui continueront à être instruites et jugées suivant les règles présentement en vigueur.

Lorsqu'elles ne feront pas droit intégralement aux réclamations, les décisions du Directeur indiqueront d'une façon sommaire les motifs sur lesquels elles sont basées et qui seront reproduits dans la notification adressée au contribuable.

ART. 12. — Dans le cas où la décision du Directeur ne donnera pas entière satisfaction au contribuable, celui-ci aura la faculté, dans le délai d'un mois à partir du jour où il aura reçu notification de cette décision, de porter le litige devant le conseil de préfecture.

Il devra alors faire parvenir, dans les formes prévues par les textes en vigueur et dans le délai susindiqué, au greffe départemental du conseil de préfecture une demande accompagnée de l'avis de notification **de la décision du Directeur.** Il lui en sera délivré récépissé

Les vices de forme prévus par les deuxième et troisième alinéas de l'article 28 de la loi du 21 avril 1832, modifié par l'article 17 de la loi du 13 juillet 1903 et qui auraient motivé le rejet d'une réclamation par le Directeur, ainsi que le défaut du timbre, pourront être utilement couverts dans la demande adressée au conseil de préfecture.

ART. 13. — Après enregistrement au greffe, les demandes seront communiquées pour avis au Directeur, qui les renverra au conseil de préfecture après y avoir annexé les dossiers des réclamations primitives et après avoir fait procéder à leur instruction suivant les règles actuellement en vigueur. Toutefois, la communication des dossiers prévue par l'article 29 de la loi du 21 avril 1832 sera donnée **aux intéressés au greffe départemental du conseil de préfecture.**

ART. 14. — Les demandes d'exemption temporaire d'impôt prévues en faveur des habitations à bon marché continueront à être présentées dans les formes indiquées par l'article 60 de la loi du 5 décembre 1922, mais les dispositions des articles 11, 12 et 13 qui précèdent leur seront applicables.

ART. 15. — Le contribuable qui, par une réclamation introduite dans les conditions fixées par les articles précédents, conteste le bien-fondé ou la quotité des impositions mises à sa charge, peut surseoir au payement de la partie contestée desdites impositions s'il réclame, dans la demande introductive d'instance, le bénéfice des dispositions contenues dans le présent article et fixe le montant ou précise les bases du dégrèvement auquel il prétend, et à la condition de constituer des garanties propres à assurer le recouvrement de l'impôt différé.

A défaut de constitution de garanties, le contribuable qui a réclamé le bénéfice des dispositions du présent article ne peut être poursuivi par voie de vente pour la partie contestée de l'impôt jusqu'à ce qu'une décision soit intervenue dans les conditions fixées par les articles précédents.

Les conditions d'application des dispositions qui précèdent, notamment en ce qui concerne la constitution de garanties permettant au contribuable d'échapper à toute poursuite, seront fixées par un règlement d'administration publique rendu sur la proposition du Ministre des Finances.

ART. 16. — L'annulation ou la réduction de l'imposition contestée entraîneront de plein droit allocation totale ou proportionnelle en non-valeur du coût des actes de poursuites signifiées au réclamant ainsi que de la majoration de 10 p. 100 prévue par la loi du 22 mars 1924 (1).

. . . .

(1) Il est à noter d'ailleurs qu'en vertu du règlement du 20 décembre 1866, arrêté par le Ministre des Finances, les frais judiciaires exposés en matière de poursuites pour la rentrée des contributions directes et avancés par les receveurs des finances leur sont remboursés en vertu de décisions spéciales du Ministre.

DÉCRET

*portant règlemnt d'administration publique en exécution de l'article
15 de la loi de finances du 27 décembre 1927, relatif aux garanties
à constituer par les contribuables qui demandent à surseoir au
payement de la partie contestée de leur imposition.*

(15 mars 1928.)

Le Président de la République française,

Sur le rapport du président du conseil, ministre des finances,
Vu l'article 15 de la loi du 27 décembre 1927, ainsi conçu:

« Le contribuable qui, par une réclamation introduite dans les
conditions fixées par les articles précédents, conteste le bien fondé
ou la quotité des impositions mises à sa charge, peut surseoir au
payement de la partie contestée desdites impositions s'il réclame,
dans la demande introductive d'instance, le bénéfice des dispositions
contenues dans le présent article et fixe le montant ou précise les
bases du dégrèvement auquel il prétend, et à la condition de constituer des garanties propres à assurer le recouvrement de l'impôt
différé.

« A défaut de constitution de garanties, le contribuable qui a
réclamé le bénéfice des dispositions du présent article, ne peut être
poursuivi par voie de vente pour la partie contestée de l'impôt jusqu'à ce qu'une décision soit intervenue dans les conditions fixées par
les articles précédents.

« Les conditions d'application des dispositions qui précèdent,
notamment en ce qui concerne la constitution de garanties permettant au contribuable d'échapper à toute poursuite, seront fixées par
un règlement d'administration publique rendu sur la proposition du
ministre des finances. »

Le conseil d'État entendu.

Décrète :

Article premier. — Le contribuable qui, par une réclamation
introduite dans les conditions déterminées par les articles 10 à 14
de la loi de finances du 27 décembre 1927, a contesté le bien-fondé
ou la quotité des impositions mises à sa charge et a fait connaître,

dans la demande introductive d'instance, qu'il entend surseoir, conformément aux dispositions de l'article 15 de la même loi, au payement de la partie contestée desdites impositions, doit fournir au percepteur chargé du recouvrement, l'une des garanties prévues à l'article ci-après :

ART. 2. — Les garanties consistent soit en affectations hypothécaires, soit en nantissements de fonds de commerce, soit en valeurs mobilières, soit en créances sur le Trésor, soit en obligations dûment cautionnées, soit en marchandises déposées dans des magasins agréés par l'État et faisant l'objet d'un warrant endossé à l'ordre du trésorier-payeur général.

Si des garanties autres que celles qui sont prévues ci-dessus sont offertes, elles ne pourront être acceptées que par le trésorier-payeur général ou par le receveur des finances de la Seine, sur la proposition du percepteur.

ART. 3. — Un arrêté du ministre des finances déterminera les conditions dans lesquelles les valeurs mobilières pourront être constituées en garantie et notamment la nature de ces valeurs, ainsi que le montant pour lequel elles seront admises, ce montant étant calculé d'après le dernier cours coté au jour du dépôt.

ART. 4. — Le contribuable peut être admis par le percepteur, à toute époque, à remplacer la garantie qu'il a constituée, par l'une des autres garanties prévues à l'article 2, d'une valeur au moins égale.

ART. 5. — A défaut de constitution de garantie dans les conditions prévues par les articles précédents, le contribuable qui a réclamé le bénéfice des dispositions de l'article 15 de la loi du 27 décembre 1927, pourra, en cas de saisie de matériel ou de marchandises indispensables à l'exercice de sa profession, être autorisé par le trésorier-payeur général ou par le receveur central des finances de la Seine, après avis du percepteur, à vendre les objets saisis, à charge par lui, soit de les remplacer par des objets de valeur au moins égale, soit d'en consigner le prix de vente.

ART. 6. — Le président du conseil ,ministre des finances, est chargé de l'exécution du présent décret qui sera publié au *Journal officiel* de la République française et inséré au *Bulletin des lois*.

Fait à Paris, le 15 mars 1928.

GASTON DOUMERGUE.

— 1 —

DÉCRET

portant règlement d'administration publique déterminant les conditions de mise en jeu de la responsabilité des comptables directs du Trésor en matière de recouvrement.

(12 mai 1928)

LE PRÉSIDENT DE LA RÉPUBLIQUE FRANÇAISE,

Sur le rapport du président du conseil, ministre des finances,

Vu l'article 33 de la loi de finances du 13 juillet 1925, ainsi conçu: Un règlement d'administration publique déterminera les conditions dans lesquelles la responsabilité des comptables du Trésor sera mise en jeu ou pourra être atténuée en cas de non-recouvrement des cotes comprises dans les rôles de contributions directes établis, mais non encore soldés, ou à émettre dans l'avenir;

Vu l'article 324 du décret du 31 mai 1862 portant règlement général sur la comptabilité publique;

Vu le décret du 17 mars 1920 dispensant les trésoriers-payeurs généraux et les receveurs des finances de faire au Trésor l'avance des sommes non recouvrées ou admises en non-valeurs sur les rôles des contributions directes de 1914 à 1916;

Vu le décret du 16 février 1921 relatif au versement par les trésoriers-payeurs généraux et les receveurs des finances des restes à recouvrer sur rôles des contributions directes;

Vu le décret du 8 octobre 1922 prorogeant les délais à l'expiration desquels les trésoriers-payeurs généraux et receveurs des finances feront de leurs deniers l'avance des restes à recouvrer;

Vu le décret du 8 octobre 1922 modifiant l'article 324 du décret du 31 mai 1862 portant règlement général sur la comptabilité publique;

Vu le décret du 9 septembre 1924 autorisant les trésoriers-payeurs généraux et les receveurs particuliers à surseoir à l'avance des restes à recouvrer sur rôles des contributions directes des exercices 1914 à 1921;

Le Conseil d'État entendu,

DÉCRÈTE :

ARTICLE PREMIER. — Les percepteurs, responsables en vertu des lois et règlements en vigueur, du recouvrement des contributions directes dont ils ont pris les rôles en charge et tenus de justifier de leur entière réalisation dans le délai fixé par lesdites lois et règlements, ne peuvent, sous réserve des dispositions prévues à l'article 370 du décret du 31 mai 1862, être dispensés de verser en tout ou en partie le montant des cotes ou fractions de cotes desdites contributions ainsi que des frais de poursuites y afférents, non recouvrés dans le délai fixé pour l'apurement des rôles, ni admis en non-valeurs que dans les conditions déterminées par les dispositions ci-après.

ART. 2. — La décision prise par le préfet sur les états de cotes irrécouvrables est notifiée au percepteur. Celui-ci peut, dans le délai de deux mois à partir de cette notification, saisir le préfet d'une demande tendant à obtenir soit la décharge ou l'atténuation de sa responsabilité, soit le sursis en sa faveur du versement en tout ou en partie des sommes laissées à sa charge.

ART. 3. — La demande du percepteur est soumise pour avis à une commission départementale dont la composition est la suivante:

Le préfet ou son représentant, président.

Le directeur des contributions directes.

Le trésorier-payeur général ou, pour le département de la Seine, le receveur central des finances.

Un inspecteur des contributions directes désigné par le directeur départemental.

Un receveur-percepteur ou percepteur désigné par le receveur central des finances ou par le trésorier-payeur général.

Le receveur central des finances, le trésorier-payeur général et le directeur des contributions directes empêchés peuvent se faire représenter par un fonctionnaire de leur administration.

En cas de partage des voix, la voix du président est prépondérante.

Un chef de service de la trésorerie générale remplit les fonctions de secrétaire.

Art. 4. — La commission départementale recherche si la responsabilité du non-recouvrement incombe au percepteur. En cas de faute ou de négligence, elle détermine le montant de la somme que ce comptable est tenu de solder de ses deniers personnels. Lorsque le recouvrement paraît pouvoir être encore obtenu, la commission propose de surseoir au versement pour une année au maximum, à charge par le percepteur de faire toutes diligences nécessaires et sans que ce sursis puisse être renouvelé plus d'une fois, sauf décision du ministre des finances prise sur avis de la commission prévue à l'article 8 et dans les conditions qui seront fixées par instruction ministérielle.

La commission propose au préfet l'admission en non-valeur du surplus.

Art. 5. — Pour l'appréciation de la responsabilité du percepteur, la commission tient compte notamment des difficultés du recouvrement propres au poste géré, de la situation du service et du montant de l'indemnité de responsabilité allouée en vertu de l'article 51 de la loi du 10 mars 1925, sans cependant être tenue, en cas de faute ou de négligence graves, de maintenir les sommes laissées à la charge du comptable dans les limites de ladite indemnité.

Art. 6. — La décision prise par le préfet après avis de la commission départementale est notifiée au directeur des contributions directes et, par la voie hiérarchique, au percepteur intéressé.

Art. 7. — Le receveur central des finances de la Seine, les trésoriers-payeurs généraux, les receveurs des finances et les percepteurs sont admis à se pourvoir devant le ministre contre les décisions préfectorales prévues à l'article 6, dans tous les cas où leur responsabilité pécuniaire est mise en jeu. Le recours doit être formé dans le délai de deux mois à partir de la notification de la décision au percepteur. Ce recours a un effet suspensif.

Art. 8. — Le ministre des finances statue sur les recours prévus à l'article précédent, après avoir pris l'avis d'une commission dont la composition est fixée ainsi qu'il suit :

Un inspecteur général des finances, président.

Le chef du service du contentieux, agent judiciaire du Trésor.

Le chef du service du contrôle des administrations financières et de l'ordonnancement.

Un administrateur des contributions directes.

— 4 —

Un sous-directeur de la direction de la comptabilité publique.

Un directeur des contributions directes, désigné par le directeur général des contributions directes, de l'enregistrement, des domaines et du timbre.

Un trésorier-payeur général, désigné par le directeur de la comptabilité publique.

Un receveur percepteur ou un percepteur désignés par le directeur de la comptabilité publique.

Le président, absent ou empêché, est remplacé par le chef du service du contentieux.

En cas de partage des voix, la voix du président est prépondérante.

Un sous-chef de bureau de la direction de la comptabilité publique remplit les fonctions de secrétaire.

La décision du ministre est notifiée par la voie hiérarchique au directeur des contributions directes et aux comptables intéressés.

ART. 9. — Les décisions préfectorales prévues à l'article 6 et qui n'ont pas fait l'objet d'un recours dans les conditions fixées à l'article 7, deviendront définitives, si, dans les six mois de leur notification au percepteur, elles n'ont pas été annulées ou réformées par le ministre, statuant après avoir pris l'avis de la commission instituée par l'article 8.

ART. 10. — Le receveur central des finances de la Seine, les trésoriers-payeurs généraux et receveurs particuliers des finances font, de leurs deniers personnels, dans un délai de trois mois à compter de la notification qui leur est faite de la décision, le versement des sommes mises définitivement à la charge des percepteurs et que ceux-ci n'auraient pas payées.

ART. 11. — Toutes dispositions contraires à celles du présent décret sont abrogées.

ART. 12. — Le président du conseil, ministre des finances, est chargé de l'exécution du présent décret, qui sera publié au *Journal officiel* de la République française et inséré au *Bulletin des lois*.

Fait à Paris, le 12 mai 1928.

GASTON DOUMERGUE.

Le président du conseil,
ministre des finances,
RAYMOND POINCARÉ.

DÉCRET

complétant l'article 1er du décret du 23 septembre 1926 en ce qui concerne les demandes en remise de pénalités en matière de contributions directes.

(27 janvier 1929.)

ARTICLE PREMIER. — L'article 1er du décret du 23 septembre 1926 est complété par l'alinéa suivant :

« Lorsque les pénalités n'excèdent pas 2.000 francs, la délégation du pouvoir de statuer est conférée aux Directeurs départementaux des Contributions directes, sauf en ce qui touche la contribution extraordinaire sur les bénéfices de guerre. »